顺势而为

外汇交易中的道氏理论

小何（Joesh Ho） 秦牧 魏强斌/著

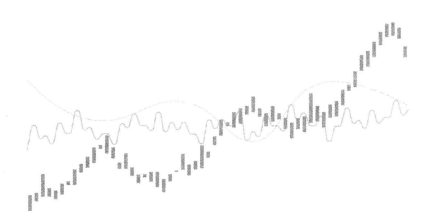

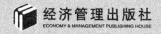

经济管理出版社

ECONOMY & MANAGEMENT PUBLISHING HOUSE

图书在版编目（CIP）数据

顺势而为：外汇交易中的道氏理论/小何，秦牧，魏强斌著. —3 版. —北京：经济管理出版社，
2019.8
ISBN 978-7-5096-6660-9

Ⅰ.①顺… Ⅱ.①小… ②秦… ③魏… Ⅲ.①外汇交易 Ⅳ.①F830.92

中国版本图书馆 CIP 数据核字（2019）第 118450 号

组稿编辑：勇　生
责任编辑：勇　生　杜羽茜
责任印制：黄章平
责任校对：陈晓霞

出版发行：经济管理出版社
　　　　　（北京市海淀区北蜂窝 8 号中雅大厦 A 座 11 层　　100038）
网　　　址：www.E-mp.com.cn
电　　　话：（010）51915602
印　　　刷：三河市延风印装有限公司
经　　　销：新华书店
开　　　本：787mm×1092mm/16
印　　　张：17.25
字　　　数：317 千字
版　　　次：2019 年 10 月第 3 版　　2019 年 10 月第 1 次印刷
书　　　号：ISBN 978-7-5096-6660-9
定　　　价：68.00 元

《顺势而为》（第一版、第二版）读者赞誉

做交易的人都知道要顺势而为，那么到底如何才算顺势而为，怎样才能做到顺势而为？要知答案，多看这本书。

——优美如梦

牛！这才叫书。不是抄一些外汇概念、指标概念那种低劣的书。还是比较深刻的，值得反复阅读的书。推荐给外汇交易中有一定水平的人。

——j**M6

现在的交易过分强调短线，而趋势往往被忽视。这本书写得非常好，值得仔细拜读，可以提供对趋势的把握。

——Jasonxiesh

本书作者出的书，向来是值得一读的。本书系统地介绍了外汇交易的原则与步骤，具有很强的操作性。

——三头虎

这本书补足以前帝娜书籍中关于趋势分析不足的部分，和前面的每本书籍一样，非常值得拥有，原因是读一遍肯定是领悟有限，需要反复读，实践后再反复读，接着再实践，然后再回过头来读和悟，确实是照亮了交易者的道路。从我进入交易这行开始，第二年开始盈利，第二年半开始持续稳定盈利，靠的就是上面提到的这个过程，虽然刚开始内心很痛苦，但是现在成功后的喜悦也是巨大的。交易中的短暂失利已经不会能对我产生心理上的影响，因为我深知成功就在后面等着我。最后用一句古语评价一下：纸上得来终觉浅，须知此事要躬行！

——feisunet

有一定的指导意义。本书通过对道氏理论的各部分分别进行了详细解析，使得初学者能更完全地理解道氏理论的精髓。

——迷路犀牛

本书一定要看，国内首屈一指，对于从事投资的人来说，必受启发。

——骏1978

这是一本适合有经验的外汇交易员看的书，内容分量足。值得一看，推荐大家看看，现在希望能够运用到实际交易中去。

——Inuyashalo

值得读一读，一些思路可以用在贵金属投资上。

——Allenboyzd

很好的一本书，值得慢慢体会。

——水无常99

读了第一章收获还是蛮多的，继续中……好的开头哦。

——Yangyanyan

道氏理论是混沌市场的底色，很高兴见到这方面的专著。

——Cchu

很不错的一本书，正是我需要的，先是在图书馆借阅的，现在买一本收藏。

——弗雷德里克

书不错，多位大师推荐。

——zgh322

对经典的解读，也就是对市场的正确解读。

——xingshan01

真的很不错的一本书，值得一看!!

——许许123

我个人也比较推崇顺势而为交易法，值得一看!

——Cheolchu

本书算是道氏理论的新解读吧，补充了原有理论的不足，有一些新的看法，对交易的认知有一定帮助。

——h***2

讲得挺有深度的，好多地方自己细细研究会有不错的发现!

——j***i

一个字好，两个字很好，三个字太好了! 哈哈……

——y***m

《顺势而为》（第一版、第二版）读者赞誉

到目前为止中国大陆最有金融技术含量的书，非魏老师的书莫属！！！

——jd_650420129

很好很好的一本书，涉猎广泛，把我看到的一些大家的书都解释了一下，而且还点出了其中精髓的地方，比我自己看更有重点，更加清晰明白。投机之路漫长，望各位朋友坚持啊。

——d***7

明心见性的好书！顺势而为，既是真理，又被人觉得故作高深，像是大而空的废话。人们怎么理解它，怎么把握它，其实取决于自身的层次。

——Y***3

深刻指出一些大众投资盲点，非常有用。

——火般冷

很好的交易类书籍，中国外汇交易的先驱！

——罗马城的王

给予赞赏！！！最起码买了不会后悔。经验之谈，有些工具可以借用。

——yizhi2

很有启发的一本投资理念书籍，简单易懂，好书！

——b***g

顺势而为，知易行难！本书让我更加坚定地去执行顺势而为的交易理念！外汇书籍里难得一见的好书，解决了日内交易的许多疑惑，极度推荐。

——小杨飞刀

很好！很好！这本书是我几个月前就已经注意到的。看自己能懂的部分就好。书不错，理论体系和知识分析强，实用，是交易者必备的书籍。

——简单1127

好书！讲解细致，可操作性强！方便借鉴、学习！

——彩虹女神

很值得一读，有很多干货。不论是在交易理念上，还是在交易技巧上，都看到了新意。

——maroken

本书通俗易懂，观点独特，实用，可操作性强。

——csj992

好书！魏强斌的书看过，基本还不错，接着看吧，每看一本书都有新收获。

——Joyhai

值得推荐！书籍不错，作者很用心，很适合我们做投资的人学习。

——祁 *** 波

交易之道，顺势而为！不论股票交易还是保证金交易，甚至自然规律都要遵从顺势原则。外汇市场交易也不例外。

——Zhyziba

作为外汇交易升华的一本好书，做外汇交易的朋友都值得一读，对交易思路的启发很有借鉴作用。

——j***k

魏老师的书质量不用说了，纸质也很好，看起来很舒服，赞一个。

——2***m

经典好书！10%的人会在这场零和博弈中取胜，其他人带回家的只是昂贵的经验。

——l***g

很有帮助，对于实际操作是个很好的理论基础。对于外行而言，还是别看了，外汇交易的世界你不懂。俗话说，水深不能蹚啊。

——自由自在—无中生有

此书将道氏理论灵活运用于外汇交易中，实战价值很高，值得借鉴！

——Peter1239871926

非常不错的一本书，静下心来读会受益匪浅！

——s***d

很好很不错，看了很受启发。这是我看过的内容最实在的一本外汇交易书籍。

——一飞冲天1934

魏先生的系列书一定要看，国内首屈一指，对于从事投资业的人来说，必受启发。

——dragonsohu123

正如本书作者所说，坚持多看，一年下来收获还是很大的。

——军军君

道氏理论是顺势而为的一种方式，而且道氏理论是一种高级交易手法，可以分析动能大小，值得看一下！

——幽冥股侠

第三版序
模型迭代与赢家的减法

为什么看了这么多书之后仍旧做不好交易？这个问题恐怕旋绕在许多交易者心中久久不能释疑。在这本书的第一版和第二版中我给出了一些自己的理论体系和策略，现在我想在本书第三版的这篇序言里谈一下比较实际的问题：理论与效果之间的鸿沟究竟是怎么形成的？有什么办法可以跨越这一鸿沟？

每个交易者都有自身的特点，交易者选择交易标的和交易周期也存在差别，这意味着每个人在走向成功交易的路上所遭遇的障碍点是存在差异的，这就是"成功障碍点"的特殊化和个人化。

你学习的理论为什么在实际交易当中无法发挥作用呢？

第一，理论本身不完善，而且是极度不完善，存在根本性的错误或者一些重大的纰漏。在学习交易的过程中，绝大多数的理论都是建立在"盲人摸象"的哲学基础上的，它们只是描述了交易中的某些环节和要素。它们要么没有包括资金管理；要么局限于单一的方向分析，并未提供具体的点位分析；要么局限于进场，没有提及出场的决策；要么局限于行情分析，并未涉及风险控制和心态管理等。

如何应对这个问题呢？

交易者一定要树立"模型迭代"的思路。在开始交易之初就要着手建立自己的交易模型，至少应该包括进场和出场的条件。随着交易经验和样本的累积进行诊断，诊断出"成功障碍点"，然后有针对性地完善和升级交易模型，这就是"模型迭代"。交易者的进化是一个很抽象和玄乎的话题，不过一旦落实到"模型迭代"上，交易就可以变得切实可行了。

第二，你没有正确理解和运用理论。理解并不是"简单地认识名词术语和理论陈述"，真正的理解应涉及"为什么"。

任何领域的高手都习惯于问三个问题：

第一个问题是"为什么"；

第二个问题是"怎么样"；

第三个问题是"结果是什么"。

交易策略千万条，关键是要搞清楚某个条件或者策略代码"背后的原理"。懂得原理是正确理解和运用策略最为重要的一步。第二步则需要对策略进行解构，搞清楚究竟是怎么展开的，这就是"怎么样"。

真正的高手是"反教条主义者"，他们不会纠结于"对错"，也不会受制于"公理"，他们更看重结果和效果，因此他们不会盲从任何交易界的共识和陈词滥调。尝试并分析是清除疑惑的最好策略！

第三，这个理论并不能解决你面对的"成功障碍点"。短板理论能够部分解释这一点，但并不能完全解释清楚所有的问题所在。毕竟，交易界并非只存在一种"标准的木桶形式"。

每个交易者的成长之路和成功之途千差万别，阻碍他们持续盈利的最大因素并不一致。阻碍交易者成功的因素也是具体特殊的，因此，交易者不能寄希望于一种包治百病的灵丹妙药来治疗"你的病"。

不同的理论就像不同的药剂，只能解决相应的病症。交易理论也是如此，如果你不能定位自己的最大障碍点，那么就只能在外围打转，隔靴搔痒，不能解决问题。就算你学习了再多的理论，如果不能解决你的最大障碍点，也等于零。

因此，我们要学会做减法。什么是有效的做法？什么是无效的做法？有效的做法能够定位并且清除最大障碍点，而无效的做法则无法清除最大障碍点。做减法一是为了减少资源的浪费，二是为了集中力量于关键点。减少那些无效的做法，自然就能将力量和资源集中于最大效用点，这就是最大障碍点。清除最大障碍点，你就能取得最显著的进步，获得最大的效用。

"模型迭代"避免了策略的不完备，模型有效迭代要求我们做减法。如何做减法？即确定你交易的最大障碍点，然后围绕有效攻克这个障碍点行动，减少不必要的行动。

在交易界，道氏理论其实就在帮你做减法。大道至简，但绝不是简单就是大道。大道为什么能够至简呢？因为它抓住了最核心的东西！

那么，你认为道氏理论抓住了什么因素？你认为这个因素是最核心的东西吗？

魏强斌

2019 年 3 月 14 日于桑给巴尔岛

前言
势者，交易之道

趋势关系任何类型交易的成败！无论是巴菲特的价值性投资，还是索罗斯的反身性交易，甚至连约翰·保尔森在次贷危机中一显身手创造了史上盈利最大的一笔交易，这些都与顺应趋势有着密不可分的关系。

由此看来，趋势并不是技术交易者们的专利，那种认为只有趋势跟踪交易大师才重视趋势的想法是井底之蛙的见解。

顺势而为被认为是交易的最高境界，巴菲特通过识别那些拥有持续竞争优势的公司来确认每股收益的趋势，而理查德·丹尼斯则通过周规则识别那些不断自我验证的期货价格趋势，伟大的宏观交易大师乔治·索罗斯和约翰·保尔森则通过识别那些极端背离的经济因素来确认趋势的反转……令我们眼花缭乱的是各种趋势识别和运用之道，贯穿其中的则是顺势而为的不变真谛！

行为（技术）分析的三个要素是"势、位、态"，趋势是第一位的，居于首要地位。趋势的识别及运用对于短线交易者和长线交易者而言都是最为重要的课题，关系重大，"生死之地，存亡之道，不可不察也"。

趋势是一种全局性的东西，与行情的方向是两回事。初学者在乎的是方向，高手在乎的是趋势，这就是本质的差别。"顺势而为"四个字有点诡辩和同义反复的味道，在高手的体悟中这个词价值非凡，在"菜鸟"的口中则显得故作高深。对于那些多年从事交易而不得其门而入的人而言，这四个字更多的是无奈和迷茫。到底如何才能做到顺势而为呢？

顺势而为的第一步是确认趋势，这方面的方法有很多，在《外汇交易三部曲》一书中有精辟的阐述，但是这些方法恐怕都未能直接触及趋势的本质，道氏理论反而有一针见血的功效。

早年的时候我们对于道氏理论并不重视，甚至没有完整地阅读过道氏理论的原著，加上国内很多道氏理论背离了其本意，这就使我们认为道氏理论是一套仅限于股市有

效的理论。

偶然的一次机会，同行 Martin 传给我一套原版的道氏理论材料。从中我才发现其实道氏理论并不仅是股市分析理论，也不像国内的那些"道氏专家"胡乱介绍的那样。其实，道氏理论与杰西·利弗摩尔的市场结构观点非常一致，而这种观点对于我们确认趋势非常有效，对于我们在特定的市场层次采纳特定的交易策略也具有显著的指导效用。

很多策略之所以在大师手中有效，而在你的手中无效，最根本的原因在于你没有搞清楚市场的层次，最典型的情况是你在日内杂波层次上使用了"截短亏损，让利润奔腾"的趋势跟踪策略，这样的情况就是每次都让到手的利润被市场清洗掉！

道氏理论的一系列重要思想都是基于"趋势"这个思想，而趋势的识别则是道氏理论所擅长的。正宗和有效的道氏理论采用者基本都拒绝一种倾向，那就是用所谓的直边趋势线来解剖市场波动。这种道氏理论传统在罗伯特·雷亚的一系列经典论述中建立起来，一直在少数真正懂得道氏理论的人群中传播。

国内很多道氏理论研究者和宣传者背离了这条原则，他们将道氏理论沦为了西方技术分析的图表派，所谓的道氏理论被扭曲为"道氏趋势线"。这是对道氏理论的最大误解和滥用，是一种根本没有读懂道氏理论的表现，当然也谈不上高效运用道氏理论了。

初步确认了趋势之后，就需要通过具体的进场点和出场点以及仓位管理来顺应趋势，这是第二步。从道氏理论的第四代宗师杰克·斯耐普开始，道氏理论才从一个纯粹分析的工具演变成为了一个完整的交易系统，做多点和做空点的确定变得有章可循。

如何确定最初的进场点？我们可以发现道氏理论与杰西·利弗摩尔的操作其实是一致的，这点却是绝大多数熟读经典的人没有发现的，这个策略与我们介绍过的 N 字结构直接相关，大家可以结合《短线法宝：神奇 N 结构盘口操作法》和《黄金高胜算交易》两本书来运用这方面的技巧。

道氏理论为什么要专注于大盘走势而不是个股走势呢？因为道氏理论是基于大时间框架和大空间结构来建立自己的市场观的。这种市场观认为市场整体的走势具有相对更高的确定性，道氏理论试图从纷繁混杂的市场走势中寻找到最大的确定性因素，而这个因素就是趋势。

最终，道氏理论发现跨越和包容一切个股的指数更具有趋势，而日线之上的时间结构也更具有趋势。由此道氏理论确立了适合交易者实际操作的模型，这个模型与杰西·利弗摩尔花费多年实践得出的模型几乎一模一样。

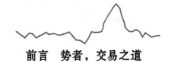

谈到"趋势"，东方和西方的思想精髓仿佛天然交融，酒田战法最初的思想要点并不在于K线的类型，而在于所谓的"酒田三段论"，这与道氏理论的市场三阶段理论不谋而合。由此看来，真正在市场中能够赚取利润的策略和模型，必然都有本质相同的一面。

关于趋势和顺势而为，我们做了一次全新的分享。

为什么这本教程会介绍道氏理论呢？

因为我们认为"势、位、态"三要素中，趋势是最为重要的，而趋势却也是最难掌握的，这需要常年累月的经验积累，加上有效模型的指引。市场中关于趋势识别的诸多方法，我们认为都没有抓住市场的本质，用起来往往有"削足适履"之嫌，最为典型的就是所谓的"趋势线"和移动平均线。

我们接触过许多同行后发现，外汇交易被公认为是最难从事的投机职业，因为外汇的波动变得越来越杂乱，日内交易的困难越来越大，在这种情况下寻找市场走势的相对高确定性变得更加紧迫，本书正是基于这样的大背景而推出的。整本教程分为十二课，立足于"道氏理论在外汇交易中的运用"，绝不是"讲一遍道氏理论，再讲一遍外汇交易"的拼凑低劣之作。本书传授的东西，如果你能够静下心来坚持研习一年，一定能够在外汇市场中持续做到盈利！

小何（Joesh Ho）　秦牧　魏强斌

2011年6月2日于杭州西湖

导言
成为伟大交易者的秘密

◇ 伟大并非偶然！

◇ 常人的失败在于期望用同样的方法达到不一样的效果！

◇ 如果辨别不正确的说法是件很容易的事，那么就不会存在这么多的伪真理了。

金融交易是全世界最自由的职业，每个交易者都可以为自己量身定做一套盈利模式。从市场中"提取"金钱的具体方式各异，而这却是金融市场最令人神往之处。但是，正如大千世界的诡异多变由少数几条定律支配一样，仅有的"圣杯"也为众多伟大的交易圣者所朝拜。现在，我们就来一一细数其中的最伟大代表吧。

作为技术交易（Technical Trading）的代表性人物，理查德·丹尼斯（Richard Dannis）闻名于世，他以区区 2000 美元的资本累积了高达 10 亿美元的利润，而且持续了十数年的交易时间。更令人惊奇的是，他以技术分析方法进行商品期货买卖，也就是以价格作为分析的核心。但是，理查德·丹尼斯的伟大还远不止于此，这就好比亚历山大的伟大远不止于建立地跨欧、亚、非的大帝国一样，理查德·丹尼斯的"海龟计划"使得目前世界排名前十的 CTA 基金经理有六位是其门徒。"海龟交易法"从此名扬天下，纵横寰球数十载，今天中国内地也刮起了一股"海龟交易法"的超级风暴。其实，"海龟交易"的核心在于两点：一是"周规则"蕴含的趋势交易思想；二是资金管理和风险控制中蕴含的机械和系统交易思想。所谓"周规则"（Weeks' Rules），简单而言就是价格突破 N 周内高点做多（低点做空）的简单规则，"突破而做"（Trading as Breaking）彰显的就是趋势跟踪交易（Trend Following Trading）。深入下去，"周规则"其实是一个交易系统，其中首先体现了"系统交易"（Systematic Trading）的原则，其次体现了"机械交易"（Mechanical Trading）的原则。对于这两个原则，我们暂不深入，让我们看看更令人惊奇的事实。

巴菲特（Warren Buffett）和索罗斯（Georgy Soros）是基本面交易（Fundamental Investment & Speculation）的最伟大代表，前者 2007 年再次登上首富的宝座，能够时隔

多年后再次登榜，实力自不待言，后者则被誉为"全世界唯一拥有独立外交政策的平民"，两位大师能够"登榜首"和"上尊号"基本上都源于他们的巨额财富。从根本上讲，是卓越的金融投资才使得他们能够"坐拥天下"。巴菲特刚踏入投资大门就被信息论巨擘认定是未来的世界首富，因为这位学界巨擘认为巴菲特对概率论的实践实在是无人能出其右，巴菲特的妻子更是将巴菲特的投资秘诀和盘托出，其中不难看出巴菲特系统交易思维的"强悍"程度。套用一句时下流行的口头禅"很好很强大"，恐怕连那些以定量著称的技术投机客都要俯首称臣。巴菲特自称85%的思想受传于本杰明·格雷厄姆的教诲，而此君则是一个以会计精算式思维进行投资的代表，其中需要的概率性思维和系统性思维不需多言便可以看出"九分"！巴菲特精于桥牌，比尔·盖茨是其搭档，桥牌游戏需要的是严密的概率思维，也就是系统思维，怪不得巴菲特首先在牌桌上征服了信息论巨擘，随后征服了整个金融界。以此看来，巴菲特在金融王国的"加冕"早在桥牌游戏中就已经显出端倪！

索罗斯的著作一大箩筐，以《金融炼金术》最为出名，其中他尝试构建一个投机的系统。他师承卡尔·波普和哈耶克，两人都认为人的认知天生存在缺陷，所以索罗斯认为情绪和有限理性导致了市场的"盛衰周期"（Boom and Burst Cycles），而要成为一个伟大的交易者则需要避免受到此种缺陷的影响，并且进而利用这些波动。索罗斯力图构建一个系统的交易框架，其中以卡尔·波普的哲学和哈耶克的经济学思想为基础，"反身性"是这个系统的核心所在。

还可以举出很多以系统交易和机械交易为原则的金融大师，比如伯恩斯坦（短线交易大师）、比尔·威廉姆（混沌交易大师）等，太多了，实在无法一一述及。

那么，从抽象的角度来讲，我们为什么要迈向系统交易和机械交易的道路呢？请让我们给出几条显而易见的理由吧。

第一，人的认知和行为极易受到市场和参与群体的影响，当你处于其中超过5分钟时，你将受到环境的催眠，此后你的决策将受到非理性因素的影响，你的行为将被外界接管，而机械交易和系统交易可以极大地避免这种情况的发生。

第二，任何交易都是由行情分析和仓位管理构成的，其中涉及的不仅是进场，还涉及出场，而出场则涉及盈利状态下的出场和亏损状态下的出场，进场和出场之间还涉及加仓和减仓等问题。此外，上述操作还都涉及多次决策，在短线交易中更是如此。复杂和高频率的决策任务使得带有情绪且精力有限的人脑无法胜任。疲累和焦虑下的决策会导致失误，对此想必每个外汇和黄金短线客都是深有体会的。系统交易和机械交易可以流程化地反复管理这些过程，省去了不少人力成本。

第三，人的决策行为随意性较强，更为重要的是每次交易中使用的策略都有某种程度上的不一致，这使得绩效很难评价，因为不清楚 N 次交易中特定因素的作用到底如何。由于交易绩效很难评价，所以也就谈不上提高。这也是国内很多炒股者十年无长进的根本原因。任何交易技术和策略的评价都要基于足够多的交易样本，而随意决策下的交易则无法做到这一点，因为每次交易其实都运用了存在某些差异的策略，样本实际上来自不同的总体，无法用于统计分析。而机械交易和系统交易由于每次使用的策略一致，这样得到的样本也能用于绩效统计，所以很快就能发现问题。比如，一个交易者很可能在 1、2、3、…、21 次交易中，混杂使用了 A、B、C、D 四种策略，21 次交易下来，他无法对四种策略的效率做出有效评价，因为这 21 次交易中四种策略的使用程度并不一致。而机械交易和系统交易则完全可以解决这一问题。所以，要想客观评价交易策略的绩效，更快提高交易水平，应该以系统交易和机械交易为原则。

第四，目前金融市场飞速发展，股票、外汇、黄金、商品期货、股指期货、利率期货，还有期权等品种不断翻出新花样，这使得交易机会大量涌现，如果仅仅依靠人的随机决策能力来把握市场机会无异于杯水车薪。而且大型基金的不断涌现，使得单靠基金经理临场判断的压力和风险大大提高。机械交易和系统交易借助编程技术"上位"已成为这个时代的既定趋势。况且，期权类衍生品根本离不开系统交易和机械交易，因为其中牵涉大量的数理模型运用，靠人工是应付不了的。

中国人相信人脑胜过电脑，这绝对没有错，但也不完全对。毕竟人脑的功能在于创造性解决新问题，而且人脑的特点还在于容易受到情绪和最近经验的影响。在现代的金融交易中，交易者的主要作用不是盯盘和执行交易，这些都是交易系统的责任，交易者的主要作用是设计交易系统，定期统计交易系统的绩效，并做出改进。这一流程利用了人的创造性和机器的一致性。交易者的成功，离不开灵机一动，也离不开严守纪律。当交易者参与交易执行时，纪律成了最大问题；当既有交易系统让后来者放弃思考时，创新成了最大问题。但是，如果让交易者和交易系统各司其职，则需要的仅仅是从市场中提取利润！

作为中国内地最早倡导机械交易和系统交易的理念提供商（Trading Ideas Provider），希望我们策划出版的书籍能够为你带来最快的进步。当然，金融市场没有白拿的利润，长期的生存不可能夹杂任何的侥幸，请一定努力！高超的技能、完善的心智、卓越的眼光、坚韧的意志、广博的知识，这些都是一个至高无上的交易者应该具备的素质。请允许我们助你跻身于这个世纪最伟大的交易者行列！

Introduction   Secret to Become a Great Trader!

◇ Greatness does not derive from mere luck!

◇ The reason that an ordinary man fails is that he hopes to achieve different outcome using the same old way!

◇ There would not be so plenty fake truths if it was an easy thing to distinguish correct sayings from incorrect ones.

Financial trading is the freest occupation in the world, for every trader can develop a set of profit-making methods tailored exclusively for himself. There are various specific methods of soliciting money from market; while this is the very reason that why financial market is so fascinating. However, just like the ever-changing world is indeed dictated by a few rules, the only "Holy Grail" is worshipped by numerous great traders as well. In the following, we will examine the greatest representatives among them one by one.

As a representative of Techincal Trading, Richard Dannis is known worldwide. He has accumulated a profit as staggering as 1 billion dollar while the cost was merely 2000 bucks! He has been a trader for more than a decade. The inspiring thing about him is that he conducted commodity futures trading with a technical analysis method which in essence is price acting as the core of such analysis. Never the less, the greatness of Richard Dannis is far beyond this which is like the greatness of Alexander was more than the great empire across both Europe and Asia built by him. Thanks to his "Turtle Plan", 6 out of the world top 10 CTA fund managers are his adherents. And the Turtle Trading Method is frantically well-known ever since for a couple of decades. Today in mainland China, a storm of "Turtle Trading Method" is sweeping across the entire country. The core of Turtle Trading Method lies in two factors: first, the philosophy of trendy trading implied in "Weeks' Rules"; second, the philosophy of mechanical trading and systematic trading implied in fund manage

ment and risk control. The so-called "Weeks' Rules" can be simplified as simple rules that going long at high and short at low within N weeks since price breakthrough. While Trading as breaking illustrates trend following trading. If we go deeper, we will find that "Weeks' Rules" is a trading system in nature. It tells us the principle of systematic trading and the principle of mechanical trading. Well, let's just put these two principles aside and look at some amazing facts in the first place.

The greatest representatives of fundamental investment and speculation are undoubtedly Warren Buffett and George Soros. The former claimed the title of richest man in the world in 2007 again. You can imagine how powerful he is; the latter is accredited as "the only civilian who has independent diplomatic policies in the world". The two masters win these glamorous titles because of their possession of enormous wealth. In essence, it is due to unparalleled financial trading that makes them admired by the whole world. Fresh with his feet in the field of investment, Buffett was regarded by the guru of Information Theory as the richest man in the future world for this guru considered that the practice by Buffett of Probability Theory is unparallel by anyone; Buffett' wife even made his investment secrets public. It is not hard to see that the trading system of Buffett is really powerful that even those technical speculators famous for quantity theory have to bow before him. Buffet said himself that 85% of his ideas are inherited from Benjamin Graham who is a representative of investing in a accountant's actuarial method which requires probability and systematic thinking. The interesting thing is that Buffett is a good player of bridge and his partner is Bill Gates! Playing bridge requires mentality of strict probability which is systematic thinking, no wonder that Buffett conquered the guru of Information Theory on bridge table and then conquered the whole financial world. From these facts we can see that even in his early plays of bridge, Buffett had shown his ambition to become king of the financial world.

Soros has written a large bucket of books among which the most famous is The Alchemy of Finance. In this book he tried to build a system of speculation. His teachers are Karl Popper and Hayek. The two thought that human perception has some inherent flaws, so their students Soros consequently deems that emotion and limited rationality lead to "Boom and Burst Cycles" of market; while if a man wants to become a great trader, he must overcome influences of such flaws and furthermore take advantage of them. Soros tried to build a systematic framework for trading based on economic ideas of Hayek and philosophic thoughts of Karl

Popper. Reflexivity is the very core of this system.

I may still tell you so many financial gurus taking systematic trading and mechanical trading as their principles, for instance, Bernstein (master of short line trading), Bill Williams (master of Chaos Trading), etc. Too many. Let's just forget about them.

Well, from the abstract perspective, why shall we take the road to systematic trading and mechanical trading? Please let me show you some very obvious reasons.

First, A man's perception and action are easily affected by market and participating groups. When you are staying in market or a group for more than 5 minutes, you will be hypnotized by ambient setting and ever since that your decisions will be affected by irrational elements.

Second, Any trading is composed of situation analysis and account management. It involves not only entrance but exit which may be either exit at profit or exit at a loss, and there are problems such as selling out and buying in. All these require multiple decision-makings, particularly in short line trading. Complicated and frequent decision-making is beyond the average brain of emotional and busy people. I bet every short line player of forex or gold knows it well that decision-making in fatigue and anxiety usually leads to failure. Well, systematic trading and machanical trading are able to manage these procedures repeatedly in a process and thus can save lots of time and energy.

Third, People make decisions in a quite casual manner. A more important factor is that people use different strategies in varying degrees in trading. This makes it difficult to evaluate the performance of such trading because in that way you will not know how much a specific factor plays in the N tradings. And the player can not improve his skills consequently. This is the very reason that many domestic retail investors make no progress at all for many years. E-valuation of trading techniques and strategies shall be based on plenty enough trading samples while it's simply impossible for tradings casually made for every trading adopts a variant strategy and samples accordingly derive from a different totality which can not be used for calculating and analysis. On the contrary, systematic trading and mechanical trading adopt the same strategy every time so they have applicable samples for performance evaluation and it's easier to pinpoint problems, for instance, a player may in first, second...twenty-first tradings used strategies A, B, C, D. He himself could not make effective evaluation of each strategy for he used them in varying degrees in these tradings, but systematic trading and me-

chanical trading can shoot this trouble completely. Therefore, if you want to evaluate your trading strategies rationally and make quicker progress, you have to take systematic trading and mechanical trading as principles.

Fourth, Currently the financial market is developing at a staggering speed. Stock, forex, gold, commodity, index futures, interest rate futures, options, etc., everything new is coming out. So many opportunities! Well, if we just rely on human mind in grasping these opportunities, it is absolutely not enough. The emergence of large-scale funds makes the risk of personal judgment of fund managers pretty high. Take it easy, anyway, because we now have mechanical trading and systematic trading which has become an irrevocable trend of this age. Furthermore, derivatives such as options can not live without systematic trading and mechanical trading for it involves usage of large amount of mathematic and physical models which are simply beyond the reach of human strength.

Chinese people believe that human mind is superior to computer. Well, this is not wrong, but it is not completely right either. The greatness of human mind is its creativity; while its weakness is that it's vulnerable to emotion and past experiences. In modern financial trading, the main function of a trader is not looking at the board and executing deals—these are the responsibilities of the trading system—instead, his main function is to design the trading system and examine the performance of it and make according improvements. This process unifies human creativity and mechanical uniformity. The success of a trader is derived from tow factors: smart idea and discipline. When the trader is executing deals, discipline becomes a problem; when existing trading system makes newcomers give up thinking, creativity becomes dead. If, we let the trader and the trading system do their respective jobs well, what we need to do is soliciting profit from market only!

As the earliest Trading Ideas Provider who advocates mechanical trading and systematic trading in the mainland, we hope that our books will bring real progress to you. Of course, there is no free lunch. Long-term existence does not merely rely on luck. Please make some efforts! Superb skill, perfect mind, excellent eyesight, strong will, rich knowledge—all these are merits that a great trader shall have to command. Finally, please allow us to help you squeeze into the queue of the greatest traders of this century!

目　录

道氏理论的四代发展

纵然这些市场不存在了，市场运作的原理仍旧存在！

——威廉·彼得·汉密尔顿

道氏理论的适用性与时俱进！

——罗伯特·雷亚

第一节　查尔斯·道和指数化策略

道氏理论的发展并不是一蹴而就的，这既保证了道氏理论建立在足够长的历史数据上，也促进了道氏理论能够与金融市场的不断发展相适应。

查尔斯·道奠定了道氏理论的基础，**道氏理论的精髓在于围绕"大势"展开，这正是当今技术分析家们所缺乏的**。现在的技术分析基本上集中于局部的行情发展，动量交易盛行，刮头皮交易盛行，这对于经纪商是好事，对于交易者而言却是误入歧途。

短线交易并不是初学者和绝大多数人能够胜任的工作，而且短线交易掌握起来更加困难，需要更大的精力投入，这是绝大多数人的意志力无法承受的。**治疗当今交易界弊病的最佳良药就是道氏理论！**

市场在绝大多数时间内都处于毫无规则的震荡之中，所谓的高抛低吸在这样的市况中其实是难以有效执行的。在单边强劲走势之中，反而容易实现高抛低吸。如何做到呢？可以基于K线形态借助于震荡指标和成交量指标，以及斐波那契点位来做到。因为单边市场中的走势反而比较符合主流的技术理论。

这个论断具有非常大的现实意义。虽然，现在的交易界口头上宣扬所谓的"顺势而为"，其实却对趋势"说不清，道不明"，弄得绝大多数交易者谈"势"色变，在实际的操作中，对趋势感到越来越迷茫，交易沦为纯粹的"体力活"，"快进快出"成了所谓最稳当的操作风格。

趋势在交易中占据着十分重要的地位，这一要素位于"位置"和"形态"之前。在我们此前所有的著作当中，关于趋势言之甚少，因为这方面的东西并不是埋首于当下就能把握的，而且趋势这种东西你越想定量化就越不容易把握它。

观察趋势往往需要站远一点，只有身在其外才能觉察到趋势本身。如果说关键点位的判断是一门科学的话，那么趋势的判断基本上依赖于艺术经验。**趋势的判断需要宏观和拉长时间视角，而这恰好是当今的交易者们普遍缺乏的态度和素养。**

查尔斯·道所在的那个年代缺乏必要的信息收集和处理工具，与今天相比明显处于所谓的"慢时代"，不过利弊相参，最大的有利之处是避免了市场的近距离催眠（见图1-1）。当我们面对一个瞬息万变的即时波动市场时，心情必然随之波动，而这影响了我们的客观判断。

> 均线只有在持续上涨或者下跌的市况中才有良好的指示意义，一旦到了震荡行情中，还不如"周规则"有用。

图 1-1　近距离接触行情会被市场催眠

查尔斯·道的时代无法更近距离地观察市场，更无法时刻关注市场，这反倒成就了那个时代的交易者，无论是伟大的杰西·利弗摩尔（见图1-2）还是毁誉参半的 W. D. 江恩（见图1-3），他们都是趋势的定义者和推崇者。

图1-2 投机之王——杰西·利弗摩尔

图1-3 金融玄学宗师——W. D. 江恩

但是，到了我们这个时代，信息技术的发展使得那个"光辉时代"的重要遗产被忽略了，我们反而重视那个时代的一些边缘遗产。一小撮肆意妄为的"道氏理论家"们在完全违背道氏理论精髓的情况下将所谓的"道氏趋势线"发明出来，他们妄图让市场的轨迹变得更加人为化。

所谓的江恩研究者变得更像是金融巫师，他们将江恩理论变成了仅次于占星术和预言家的神秘之物；杰西·利弗摩尔也被渲染成了一个彻底的技术万能主义者，大家绝口不提他对宏观经济和群体心理的借助，**更刻意淡化他的"盈利后加仓"思想。**

在这本书中，我们将主要为道氏理论正名，通过我们的交易实践契合四代道氏宗门大师的经典论述来恢复道氏理论的真正面目，并通过指导外汇交易来重振和拓展道氏理论的业界地位。

这样的做法就符合道氏理论创始人查尔斯·道的本意，也

金融巫术、行为金融学和技术分析，三者当中你选择了哪一者为主则决定了你的"钱途"。

模型迭代的哲学思路应该贯穿交易者的职业生涯。

赢家绝不是教条主义者，而是定位和清除"最大障碍点"的真正专家。

符合职业交易者的实际需要。**这个世界当中没有永恒的策略，只有永恒的哲学道路。**我们应该沿着查尔斯·道创立的哲学道路，去发展和完善新的策略。

什么是查尔斯·道的哲学呢？可以浓缩为四个字——"顺势而为"！如果还要进一步浓缩的话，那就只有一个字——"势"！

如果一本道氏理论的书没有集中全力于这个字上，只能证明这本书的作者并没有真正理解道氏理论的精髓，他所推销的无非是改头换面的现代技术分析而已，谈论的无非是各种趋势线和技术形态，加上一些技术指标。这种书应该当作手册来使用，如果你把它当作教程来看，那么你最终会成为一个技术分析方法的学者，而不是一个真正能够从市场中持续获利的赢家。

道氏理论的奠基人是查尔斯·道（见图1-4），他于1851年11月6日出生于美国康涅狄格州，那时候中国正处于巨大的乱象之中——1851年1月11日洪秀全在广西桂平县金田村发动起义创建太平天国。

图1-4　道氏理论的奠基人——查尔斯·道

1851 年 9 月 18 日,《纽约时报》创刊,不久之后的 10 月 14 日,路透社(见图 1-5)正式在伦敦开业,而伟大的世界禁毒先锋——林则徐则在查尔斯·道出生的当月去世。查尔斯·道并不是一位投机客,这与杰西·利弗摩尔有着截然的不同,**查尔斯·道作为一个市场模型的研究者出现,而利弗摩尔则是作为一个市场模型的实践者出现**。利弗摩尔比查尔斯·道要更晚出生,这位投机之王在 1877 年 7 月 26 日出生,是一位狮子座的投机巨擘,而查尔斯·道则是天蝎座,天蝎座是一个理性而精于思考的星座。**狮子座的杰西·利弗摩尔成了一位金融市场上一呼百应的王者,而天蝎座的查尔斯·道则成了一位金融思想上独领风骚的思想家。**

最厉害的实践者往往是弟子而非老师。当然,利弗摩尔应该不是查尔斯·道的弟子,但是他的思想与道有许多近似之处。关于利弗摩尔,可以参阅《股票作手回忆录:顶级交易员深入解读》和《股票大作手操盘术:原著新解和实践指南》两本书。

图 1-5　路透社

查尔斯·道 18 岁的时候进入了报界,而利弗摩尔则早早地进入了对赌行业,那是一个消息重于趋势的领域。1882 年,查尔斯·道成立了道琼斯公司。1884 年道琼斯公司发布了第一

个股票指数，由 11 只个股构成，其中 9 只都是热门的铁路股。

1889 年，《华尔街日报》（见图 1-6）登上历史舞台，直到 20 世纪末才遭遇了第一个竞争者——《投资者日报》，后者是混合策略投资大师威廉·欧奈尔（见图 1-7）创立的，他在《投资者日报》上的显著位置上开辟了一个用来帮助大众把握大势的栏目，名为"Big Chart"。由此来看，**时隔百年之后即使是道氏机构的竞争对手也仍然将道氏的大势思想收入囊中。**

什么是趋势？你仅仅能用"持续时间长"来定义和刻画吗？如果是这样的话，你就很难把握住趋势！

图 1-6 《华尔街日报》（旧版）

图 1-7　《投资者日报》创立者——威廉·欧奈尔

　　在创立股价指数的早期，查尔斯·道仅仅将股市当作经济的风向标，这时候股票仅仅是他判断实体经济方向的工具而已。在创立了最简单的股价指数之后，正式的道琼斯工业指数于 1896 年 5 月 26 日诞生，而道琼斯运输指数则在次年诞生。

　　查尔斯·道在 1903 年末就因为健康原因去世，此时他手头可以利用的两种股价指数数据只有 5 年，所以他只是建立了一个大势分析的工具，这就是股价指数。通过指数化来展现趋势的变化，对于如何使用这个工具，查尔斯·道缺乏足够深入和全面的研究及论述。

　　从趋势分析的角度来看，无论是股票市场中的大盘指数还是外汇市场中的美元指数都起着非常强的主导作用，但是**如果没有指数帮助我们观察大势，也就不容易把握这种主导作用。**

　　查尔斯·道之所以伟大，最为关键的原因在于他提出了一种把握趋势的方法，这就是指数化。这就好比扩大了交易者视野的宽广度，与约翰·墨菲的跨市场分析具有一定的共同之处，那就是跨越了空间上的限制。

关于美元指数的落地分析，请参阅《美元霸权周期：跨市场战略投资的 24 堂精品课》一书。

什么是道氏理论？一个简单的定义就是"通过价格平均后的指数来进行市场趋势判断的方法"，从这个问题的答案我们可以进一步看到指数化对于道氏理论的巨大意义。在我们的交易中，无论是股票交易还是外汇交易、期货交易，通过指数化来判断大势是非常重要的一种方法，著名的期货投资大师吉姆·罗杰斯（见图1-8）为了判断和把握商品期货的趋势，专门为自己设计了相应的商品指数。我们认识的一位广东职业外汇交易者也亲自动手设计了欧元指数和商品货币指数，目的也是为了把握大势。

图1-8　期货投资大师吉姆·罗杰斯

第二节　汉密尔顿与市场三阶段结构模型和市场三重结构模型

威廉·彼得·汉密尔顿是一位伟大的道氏理论掌门继任者，汉密尔顿早年是查尔斯·道的得力助手，他开始将股票指数用来进行股票市场本身走势的推断，在查尔斯·道去世后的30多年中，汉密尔顿在《华尔街日报》上的文章成了股市大势的风向标。

1902~1929年，汉密尔顿对查尔斯·道的指数理论进行了丰富的实践，并且坚持进行记录。1922年，汉密尔顿将自己对指数的运用心得总结成了《股市晴雨表》。

汉密尔顿在长年累月的工作中逐渐发现了一些市场结构，这就是**市场三阶段结构和市场三重结构**。市场三阶段结构不仅在汉密尔顿这里被发现，拉尔夫·艾略特以及本间宗久也发现了基本一致的结构。

在汉密尔顿之前采纳指数来进行市场分析的历史很短，基本上除了查尔斯·道之外就没有史料可考。这种采纳指数进行预测的方法要发挥效果就需要市场走势具有重复性。汉密尔顿发现了这种重复性的结构模型，那就是市场三阶段结构模型和市场三重结构模型。

市场三阶段结构模型在现在的道氏理论研究者手里运用得较少，我们将在本书的最后部分专门介绍这一模型。现在简单介绍一下市场三重结构模型。汉密尔顿在长期运用股价指数的过程中发现了三种明确的价格运动形式，它们分别是**趋势波动**（主要运动，见图 1-9）、**次级折返**（见图 1-10）和**日内波动**（日内杂波，见图 1-11），分别对应着作用力、反作用力和相互作用力。

> 请参阅附录《次级折返的属性和运用》一文。

> 外汇市场的主要运动一般与央行重大政策有关，例如量化宽松和安倍经济学，具体来讲就是利率周期的重大转变。要把握外汇市场的主要运动，就必须密切注意意差和风险偏好的重大变化。加息周期结束或者开始，降息周期结束或者开始，经济和金融危机出现或者企稳，这些都是重大行情来临的标志。每日浏览一下财经新闻是非常重要的，但也不必关注得太细，观其大旨即可。

图 1-9　主要运动

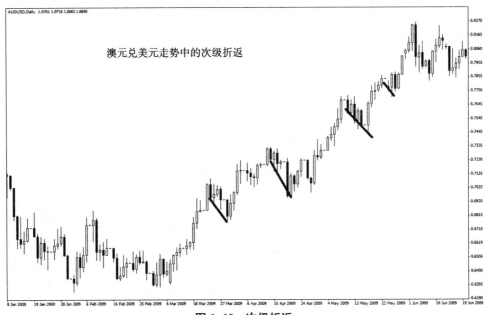

图 1-10　次级折返

　　趋势波动（主要运动）是在经年累月中代表市场中长期走势的波动，所谓的**趋势分析**主要是要确认这类波动，而所谓的趋势跟踪交易则是为了抓住这类波动。次级折返是趋势波动中显著修正的部分，趋势的发展绝不可能是直线的，中间的调整是正常的，是为了进一步发展积蓄力量和减少阻力，次级折返的波段往往短于主要趋势波段。

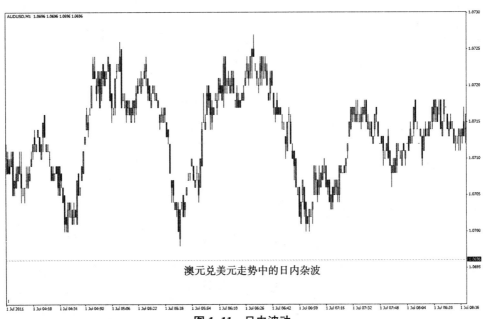

图 1-11　日内波动

构成次级折返波动和主要趋势波段的是每一个具体的交易日，这些交易日的内部波动更为随机。其中夹杂了各种影响因素，从市场规则、交易者作息规律到市场操控，以及趋势都在其中发挥了重要的作用。

外汇走势中同样也存在这三个结构层次的波动。对于趋势跟踪交易者而言，比如采纳周规则突破交易策略的交易者，假设他们需要在日线上寻找 20 日高点被突破的做多进场点，那么次级折返后的向上趋势波动就是主要捕捉的对象。

这些趋势跟踪的操作不能忽视趋势所在，只能顺势而为。他们重视趋势的表现就是等待价格的显著向上突破，然后才介入。**对于那些日内交易者而言，同样需要重视日线走势图上显示的趋势，除此之外还要考虑到市场日内波动的一些规律，这些规律在道氏理论者看来是不好把握的，甚至是不能把握的。**

汉密尔顿在确立市场三重结构模型的时候，也确立了一些基本的原则，这些原则绝不是臆想之作，而是经历了长时间考验的经验之谈。这些精髓现在大多被市场人士所忽略了，今天的绝大多数道氏理论"大师"们都弃之不用。我们有必要在展开正文之前，对其中几条最为重要的、对我们交易操作（当然包括外汇交易）最为有用的几条进行介绍。

汉密尔顿指出："某些技术交易者们执意将道氏方法用于日内交易，结果当然是糟糕的……研究中那些带有普遍意义的结论，对于市场的日内波动判断是没有指导意义的，对于处于次级折返层面的波段也是没有指导意义的，不过对于主要趋势波动却具有非同一般的指导意义……"

在这段话中，汉密尔顿强调了**道氏理论的研究对象是市场的趋势**，这是道氏理论的优势，但是**道氏理论绝不是一个仓位管理模型**，这点是很多道氏理论使用者忽视的问题。

汉密尔顿早在 20 世纪初就指出："研习道氏理论的人，坚持要求市场三重结构具有数学上的精确性，而这是道氏理论本身所不具备的，也是不需要的……"但现在中国大陆还

日内波动的影响因素很多，从技术点位上来讲前日高低点、三大交易时段的开盘区间、重要数据公布时对应的点位等都对日内波动的极端值有显著影响。

一个纯粹的道氏理论运用者清晰地知道自己的"能力范围"，他们会在日内波动上保持谨慎态度。

道氏理论并非一个齐备的交易策略模型，而是提供了一种分析市场波动的观点和初级模型。

有不少号称"道氏理论大师"的人在推广所谓的各种道氏线和数量化工具，这与道氏理论的初衷相悖。

汉密尔顿之所以不主张在市场三重结构模型上采纳定量化规则和技术，是因为他在长达几十年的实践中发现**市场三重运动如果按照特定的线性技术来处理必然会产生大量错误的判断**。汉密尔顿是站在实践者的角度，而不是理论空谈家的角度发表上述观点的。

辩证地看待主要运动和次级折返，是道氏理论的主题之一。

查尔斯·道是道氏理论第一代掌门人，他建立了股价指数，通过指数化方法来研究市场的趋势。汉密尔顿则通过指数发现了趋势的两种主要结构，这就是市场三阶段结构模型和市场三重结构模型，由此将道氏理论初步运用起来，成为一个趋势分析的利器。因此，汉密尔顿也名正言顺地成为了道氏理论的第二代掌门人。

第三节　罗伯特·雷亚与成交量原理和相互验证原理

道氏理论在查尔斯·道和汉密尔顿那里并没有被完整地建立起来，但是基本的框架已经清晰可见。到了罗伯特·雷亚这里才开始有了道氏理论的完整版本，并且雷亚填补了道氏理论此前研究中的一些空白。

研究道氏理论的人必须阅读三本书：第一本是汉密尔顿的《股市晴雨表》；第二本是雷亚的《道氏理论》；第三本是尼尔森的《股票投机指南》。

雷亚明确提出了此前被忽略或者含混的概念和策略，其中最为重要的是成交量原理和相互验证原理。另外，对于市场操纵，雷亚也有了更进一步的认识。毕竟，那时候的美国股市仍旧处在发展阶段，市场管理和法制还不完善，个股操纵盛行，日内波动的趋势性有时候不明显。

艾略特波浪理论和道氏理论都是在病榻上建立起来的。

罗伯特·雷亚在长达35年的时间中一直患病，经常在床榻上构思和验证道氏理论。他首先将道氏理论第一代掌门人查尔斯·道和第二代掌门人汉密尔顿的思想和观点进行系统化，然后对其进行验证，根据反馈对既有的理论体系进行完善和修改，其主要研究成功体现在 1932 年出版的《道氏理论》，这标志着道氏理论正式成形。

早在 1902 年，S. A. 尼尔森就在《股票投机指南》（*The ABC of Stock Speculation*）一书中首次对查尔斯·道的思想体系进行了介绍，并且提出了"道氏理论"这个概念，直到罗伯特·雷亚这本专著出炉才真正将"道氏理论"由草创的经验之论变为完整的理论经典。

在雷亚之前，无论是查尔斯·道还是汉密尔顿都没有对道氏理论的概念进行过梳理和定义，基本原理也没有得到明确和完整的阐述。现在轮到雷亚来完成整理工作，在雷亚看来汉密尔顿已经对道氏理论进行了足够长时间的实践和运用，从这些实践中已经能够看到道氏理论的非凡效力。

但是，罗伯特·雷亚并没有停留在汉密尔顿实践的水平上，他进一步沿着汉密尔顿开辟的实践道路前进，他认为这对于真正理解和完善道氏理论意义非凡。

正如雷亚在《道氏理论》一书中表达的那样："为了让研习者能够真正掌握道氏理论，必须认真观察和琢磨股价指数的走势图，**找出其中不符合道氏理论理想模式的特例**……通过这样的比对和分析，经过一段足够长的时间之后，研习者就能够获得解读指数未来趋势的能力……这种能力对于交易者而言意味着将有丰厚的利润……"

雷亚认为这种**坚持不懈阅读走势图的习惯**对于真正培养解读大势的能力非常重要，而能够解读大势正是百年来道氏理论研习者们追求的最高境界。其实，就我们的实践体会而言，**在外汇交易中坚持每天看看日 K 线走势图，特别是美元指数的日 K 线走势图**（见图 1–12），**对于培养交易者的趋势感觉非常有用。**

有些日内交易者，特别是基于 5 分钟 K 线走势图的短线交易者会慢慢放弃这种习惯，要不了多久他们就开始完全忽略趋势，进而陷入到简单的高卖低买的震荡交易思维中去，一旦遇到单边走势发动就会接连亏损，甚至爆仓。

一些尚未被广泛知晓的高胜算率形态是需要靠自己长期读图来发掘的。

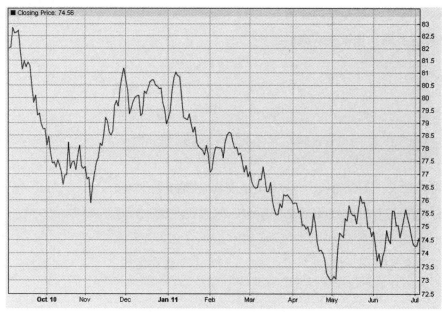

图 1-12　美元指数走势

其实，无论什么类型的交易者，趋势都是必须要考究的问题，哪怕你是套利交易者。在动手写作这本书之前，通过杭州一家期货公司的老总接触到两个非常厉害，但是低调的期货投机客，他们从事期货很多年了，起起落落，目前身价都在几亿元以上。其中一位 2011 年初的时候离开了杭州，就再也没在这个圈子露面，在走之前期货公司的老总让他给几条经验，留给新手参考。我记得当时他花了半个小时在一张 A4 纸上写了简单的几句话。第一句的大意是要**坚持每天看一遍市场走势的大图**。由此可见，从汉密尔顿到雷亚的实践方法其实是非常有价值的。这种价值也许会在一位根本不懂得道氏理论的中国人手中得到淋漓尽致的演绎。

雷亚继承了汉密尔顿解读指数走势图的习惯，然后凭借这种习惯带来的优势对道氏理论进行梳理和建构。雷亚定义了一系列关键的道氏理论基本概念和原理，比如市场操纵、日内杂波、趋势运动、次级折返等，更为重要的是他明确给出了趋势确定的方法和相互验证原理，以及成交量原理。

如何确定趋势？目前流行的趋势确定方法大多围绕着移动平均线展开，比如较短期均线在较长期均线之上，意味着上升趋势（见图 1-13）。还有些方法的适用性要更差一些，比如通过上升趋势线或者下降趋势线来确定趋势。这类方法其实是违背道氏理论根本思想的。道氏理论强调顺应现实的市场，而**上升趋势线和下降趋势线这类方法往往是在"削足适履"**。

GBPUSD,Daily 1.6049 1.6126 1.5990 1.6083

40 日指数移动均线

200 日指数移动均线

短期均线在长期均线之上
趋势向上

图 1-13 常见的趋势判别法——均线多头排列

著名的趋势交易大师戴若·顾比就认为，将直边趋势线看
作是趋势的指示其实是一种滥用，**直边趋势线更可能是作为
一种风险和仓位的管理工具，并不适合作为趋势风向标**。到
目前为止，根据自身的实践经验以及一些长期接触的职业交
易者的表现，我们认为**通过日线走势的高低点来定义趋势可
能是最贴近实际操作的方法**。无论是海龟交易者的周规则，
还是洛氏霍克结构和 N 字结构；无论是 2B 形态还是杰西·利
弗摩尔的轴心点都是基于高低点来确认趋势的。雷亚确立的
道氏趋势确定策略也是基于高低点，这表明道氏确认趋势的
方法具有较高的适应性。

雷亚认为**"如果上升浪突破前期高点，随后的下跌低点
在前期低点之上，趋势向上**（见图 1-14）；**如果下跌浪跌破前
期低点，随后的上升高点在前期高点之下，趋势向下"**（见图
1-15)，不过雷亚认为简单地通过高低点来识别趋势并不够，还
需要定义所谓的上升浪和下跌浪的最小幅度，这与杰西·利弗摩
尔的方法有异曲同工之妙。除此之外，雷亚还要求这种 N 字结
构必须近乎同时地在两种指数上出现，这就是相互验证原则。

均线和周规则分别代表了
两种确认趋势的思路。

上升浪突破前期高点，随后的下跌低点在前期低点之上

图 1-14 道氏理论趋势向上的基本定义

下跌浪跌破前期低点，随后的上升高点在前期高点之下

图 1-15 道氏理论趋势向下的基本定义

如何预判趋势与如何确认趋势是两个问题。确认趋势一般从行为面的角度思考，预判趋势一般从驱动面和心理面的角度思考。在无法预判和确认趋势的情况下，则依赖仓位和资金管理。

在外汇市场中，我们会在市场持续运动之后寻找顺向或者逆向的 N 字结构，但是这并不够，因为根据道氏理论趋势确认的要求，还必须要求至少两个以上的指数走势出现相同的 N 字结构。在外汇市场中，我们经常利用英镑兑美元与欧元兑美元来相互确认，这就是趋势需要相互确认这个道氏原理的迁移运用。

雷亚确认趋势采纳了三个关键要件，第一个要件是 N 字结构，第二个要件是不同指数之间的相互确认，第三个要件是价量的相互确认。前面两个要件已经大致介绍了，我们这里接着介绍价量相互确认的问题。

道氏理论早期关于成交量的认识是含混不清的，有时候甚至是相互矛盾的，汉密尔顿甚至认为价格就是一切，不用考虑其他因素。雷亚对汉密尔顿关于成交量的只言片语进行了认真的解读，结果是他决定将成交量这个要件加入道氏理论中，他总结道："……在判断市场趋势的策略中，成交量已经被广泛证实具有非常显著的价值……应该专心研究成交量和指数运动之间的关系……"雷亚对成交量的研究最大的发现是成交量在牛熊趋势中的差别："对指数走势和日内杂波的彻底研究表明牛市的成交量要大于熊市的成交量……"

其实这是一种所谓的**倾向性效应**（见图 1-16），也就是在股市上涨过程中，人们基于兑现，换手率很高，所以成交量

> 增加基本独立的新要素来观察市场，可以提高判断的效率。

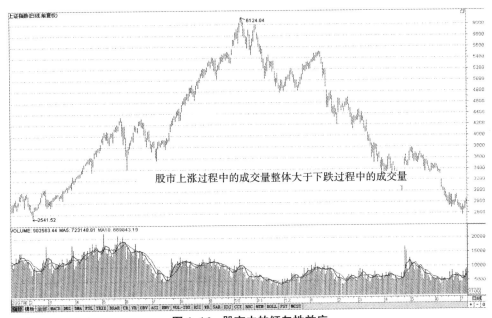

图 1-16 股市中的倾向性效应

就显得很高；在股市下跌过程中，人们会捂住亏损的股票，不愿兑现亏损，这样换手率就很低，所以成交量就整体萎缩。外汇市场中这种情况基本不存在，因为外汇并没有一种金融标的物的买卖，而是两种货币之间的比率，所以成交量变化更多取决于一天之中交易中心的变化，而不是人们心理倾向的作用。

罗伯特·雷亚与汉密尔顿一样是真正的趋势判断大师，**这样的大师地位不是来自于理论上的精妙复杂，而是来自于长期的实践，这是道氏理论大师与其他绝大多数交易理论大师的区别。**

查尔斯·道实践的时间只有几年，而且基本上是在观察指数和实体经济的联动性；而汉密尔顿和雷亚则坚持实践了几十年，雷亚之所以能够将道氏理论推向一个巅峰，最大的原因还是在于他以实践来验证和完善理论，所以他当之无愧地成为了道氏理论的第三代掌门人。

第四节　杰克·施耐普加入流动性和宏观经济元素

道氏理论在罗伯特·雷亚去世以后进入了全球化的过程，在这个过程中出现了严重的方向性问题。道氏理论开始被当作现代技术分析的范畴，有时也被当作艾略特波浪理论的粗糙版本。

约翰·迈吉和约翰·墨菲都将道氏理论与现代技术分析接轨，并且总结出了技术分析的三大假设前提，由此，很多现在的交易者都认为道氏理论不过是趋势线和艾略特波浪的堆砌而已。道氏理论有关趋势的看法没有得到正确的呈现，人们开始认为道氏理论不过是股市上一个过时的理论而已，最多是描述了群体心理对大盘运行阶段的影响。

雷亚去世之后，道氏理论的研究不仅将趋势搁置一边，

看价格不如看价格对消息面的反应更有价值。题材的性质是我们在分析消息面时需要注意的一个因素，除此之外观察价格对题材的反应则是另外一个需要注意的要素。

更为重要的是道氏理论开始忽视长期的实践。杰克·施耐普的出现改变了这一局面，在死气沉沉的道氏理论界掀起一股新的浪潮。杰克·施耐普并没有陷入所谓纯技术分析的窠臼，他也无视迈吉和墨菲这类纯粹理论家设定的所谓技术分析的三大前提。其实，从我们这个交易界的圈子看来，**真正以做交易为生的人当中只看价格的偏执狂并没有几个，反而是那些成天杀进杀出的散户们非常笃信价格能够呈现一切。**

施耐普与马丁·普林格、马丁·茨威格、杰克·史瓦格等真正的交易者一样，开始发现**货币供给提供的流动性在股市涨落中起到了至关重要的核心作用**，除此之外，施耐普还发现当年查尔斯·道重视的宏观经济也对股市有显著影响，于是施耐普在继承此前道氏大家的理论框架之后加入了流动性和宏观经济的元素，用来进一步提高对股市趋势的把握能力。

但是，这些还不是施耐普的真正贡献，他的最大贡献是将这个新的道氏理论与各式各样的道氏理论进行可靠的绩效比较。这也是当年汉密尔顿和雷亚坚持进行的工作，那就是坚持实践，**只有通过实践才能找到真正可以提升我们交易绩效的可靠理论。**

实践才能呈现出我们成功之路上的最大障碍点。交易的结果其实是一种诊断，诊断出我们的最大障碍点所在。

如果说查尔斯·道、汉密尔顿和雷亚建立了道氏理论技术面的基础，那么施耐普就开创了道氏理论基本面的基础，这就好比我们赞同的行为分析和驱动分析的结合。**在外汇交易中，技术面的交易者如果忽视基本面的变化会丧失很多机会，同时也会付出不必要的损失；如果基本面的交易者忽视了技术面的变化，那么就很难发觉自己分析的失误，也很难建起其有效的仓位管理策略。**

所谓交易无非是以心理分析为枢纽，统一基本面和技术面两个方面而已（见图1-17）。趋势的分析过程中，不光技术面会帮助我们，基本面也能够帮助我们，这就是我们从道氏理论的发展中得到的最大财富之一。在外汇交易的趋势识别中，我们需要利用这些道氏理论遗产的力量。

基本面我称之为驱动面，技术面我称之为行为面。心理面就是两者的枢纽。

图1-17　交易之太极

由此看来，杰克·施耐普是当之无愧的道氏理论第四代掌门人。下面我们就简明扼要地介绍一下杰克·施耐普对道氏理论的主要完善和革新。

第一个完善和革新是引入了**"极端绝望抛售"**的概念和定义。施耐普提出的这个极端绝望抛售概念并不是一个全新的概念，雷亚曾对此有一定的介绍，雷亚认为所谓的极端绝望抛售就是那些在股票市场急剧下跌后由观望态度转变为绝望态度的大众引发的集体卖出行为。杰克·施耐普认为这时候应该建立一半的长期仓位，因为这个时候大盘继续下跌的空间很小了，能够卖出的人都卖出了，市场往往在极端绝望抛售出现之后会出现低量状态，这就进一步表明市场卖出意愿很低。

其实，利用这一概念的不仅有道氏理论的大师们，著名的逆向投资大师约翰·邓普顿（见图1-18）也采纳了同样的思想来操作，甚至在巴菲特那里也能够看到相同的操作思路。当然，杰克·施耐普对于极端绝望抛售的定义具有数量化的特征，具体定义的数学公式他并没有透露，只能在其网站订阅。

对股票而言，行情在绝望中见底，在分歧中上涨，在亢奋中见顶。外汇市场的舆情也有类似的规律，如果市场有显著分歧，则行情继续发展，如果市场高度一致，则行情将出现显著修正甚至结束。

图1-18 逆向投资大师约翰·邓普顿

不过，总体而言极端绝望抛售具体所指我们是有一定概念的，大家可以将这个东西推广运用到自己的交易中。在外汇交易中，**当市场坏得不能再坏，不会有更坏的预期出现时，或者说利空已经出尽，最后的一次恐慌已经出现，这就是所谓的极端恐慌抛售，也是很好的做多机会，可以先建立计划**中一半的仓位。当然，外汇市场是双向交易的，做空也是同样的道理，因为对于一个具体的汇率而言，必然涉及做空一个货币和做多一个货币。

第二个完善和革新是引入货币供给（流动性充裕程度）的考量。**流通中货币的多寡对于金融市场具有重要的影响，**很多投机者和投资者不注意流动性对金融市场的影响，只是专注跟随价格本身的波动。

第三个完善和革新是增加了相互验证的数目。在杰克·施耐普之前的道氏宗师们都采用道琼斯工业指数和铁路指数来相互验证，但是施耐普认为在标准普尔500指数产生之后应该将其纳入相互验证中。标准普尔500指数（见图1-19）是在1957年创立起来的，施耐普同时使用这个指数和工业指数，以及铁路指数，利用其中两个指数对另外一个指数进行验证。在相互验证的时候，还是依据相同的道氏理论原理。

最后一次利多题材往往与极端乐观情绪伴随出现；最后一次利空题材往往与极端悲观情绪伴随出现。题材性质与技术走势具有显著的对应关系。

不看央行动向，不可以做股票；不看 FED 和 ECB 的动向，不可以做外汇。关于流动性对股市的影响和分析，可以参阅《股票短线交易的24堂精品课》第二课"流动性分析：人民币的近端供给和美元的远端供给"。

经过施耐普的历史检验和外推检验，这个方法较此前的道氏相互验证方法具有显著的绩效提高。

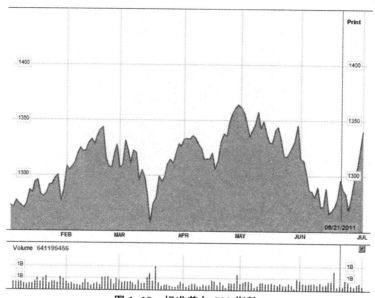

图 1-19 标准普尔 500 指数

资料来源：Bloomberg。

第四个完善和革新是量顶指标的引入。所谓的量顶就是我们 A 股市场交易者经常提到的"天量"（见图 1-20）。施耐普发现在牛市中，最大的月成交量通常会在市场顶

图 1-20 A 股指数中的天量和天价

部之前约五个月内发生，这有点类似于"天量之后见天价"的说法。这项指标是对雷亚关于成交量原理的具体运用，施耐普认为量顶在判断牛市终结方面具有很高的价值，而这对于道氏理论此前的不足是一个有益的补充。

第五个完善和革新是收益率曲线的采纳。收益率曲线是不同期限的债券收益率的连线（见图 1-21），长期债券的利率通常会高于短期债券利率，但是在经济周期中，收益率曲线的斜率会发生变化。美林证券的投资时钟理论也对此有全面而详细的介绍，比如经济处于复苏阶段的时候，长期利率是上涨的，所以整个收益率曲线是倾斜向上的，这时候股票也开始进入牛市；经济处于滞胀阶段的时候，短期利率是上涨的，所以整个收益率曲线是倾向于水平的，这时候股票往往也进入了熊市中。收益率曲线反映了经济前景和信贷市场的供求状况，这是一个公认的有效领先指标。

如何将成交量与 K 线形态、斐波那契点位、震荡指标，以及题材性质结合起来使用？至于如何通过成交量来甄别指数的顶部和底部，可以参阅《股票短线交易的 24 堂精品课》第四课"成交量法则：天量和地量的提醒信号"。

2019 年第一季度美国国债的收益率曲线倾斜向下，一时间众说纷纭，这意味着什么？

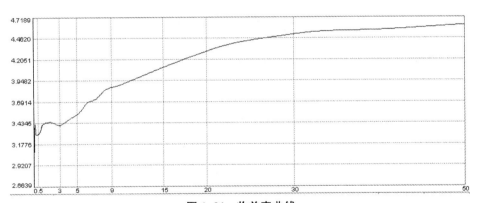

图 1-21　收益率曲线

第六个完善和革新是提出了牛市、熊市的界定。当指数从长期下跌的低点上涨超过 19% 时，牛市建立的可能性很大，当指数从长期上涨的高点下跌超过 16% 时，熊市建立的可能性很大。施耐普的这些幅度规定是经过统计确定的，但与**哈尔兹法则**非常相似。美国人塞拉斯·哈兹投入 10 万美元入市，通过遵循简单的法则，在 53 年当中将资本扩展到了 1440 万美元。这个法则具体的进出场条件是：股价从最低价上升

关于哈尔兹法则，可以参阅《股票短线交易的 24 堂精品课》第三课"哈尔兹法则：确认大盘指数趋势的傻瓜工具"。

顺势而为：外汇交易中的道氏理论

10% 以后才买入；买入后没有从最高点下跌 10% 继续持股，股价从最高价下跌 10% 以后卖出；卖出后，如果再次买入，也必须在股价从最低价上升 10% 以后。

国内利用类似法则持续盈利大有人在，在某次股市擂台选秀中就有一位号称"功夫熊猫"的实战派人士采纳这种方法从几万挣到了几千万。其实，不光是在股市中可以运用这种法则，在外汇市场中也可以很好地运用类似的法则，我们就曾经在某些外汇交易者那里看到了类似的策略。

为什么这种简单的策略会有效呢？玄机就在于**单边走势和震荡走势的区别往往体现为幅度上的差异，震荡走势极少能够发展到某一幅度之外，也就是说绝大多数震荡走势的波动幅度都收敛在某一数值附近，这就是典型的钟形曲线分布。**

平均指数消融一切

市场并不是依据众口相传的消息进行交易的，而是根据那些主力预期进行交易的。

——威廉·彼得·汉密尔顿

第一节　指数构建的统计学方法

道氏理论的基础是指数，具体而言是股价指数。股价指数亦称股票价格指数，它是动态地反映某个时期股市总价格水平的一种相对指标。它是由金融服务公司根据市场上一些有代表性的公司股票的价格加权平均后计算的平均数值编制而成的。具体地说，就是以某一个基期的总价格水平为100，用各个时期的股票总价格水平相比得出的一个相对数，就是各个时期的股票价格指数。股票价格指数一般是用百分比表示的，简称"点"。其他金融品种的指数基本上与此类似，比如著名的商品期货类指数 CRB（见图 2-1），以及外汇类指数美元指数（见图 2-2）都是按照这三种方法中的一种计算出　来的。

指数的计算方法大致有：算术平均法、加权平均法、几何均法。算术平均法，是将组成指数的每只股票价格进行简单平均，计算得出一个平均值。例如，如果所计算的股票指数包括 3 只股票，其价格分别为 15 元、20 元、30 元，则其股价算术平均值为（15 + 20 + 30）/ 3 = 21.67 元。

顺势而为：外汇交易中的道氏理论

图 2-1　CRB 指数

资料来源：金牛财顺。

图 2-2　美元指数

资料来源：金牛财顺。

指数让我们更直观地看清楚大盘和大势。外汇市场的美元指数也起到了相同的功效。

加权平均法，就是在计算股价平均值时，不仅考虑到每只股票的价格，还要根据每只股票对市场影响的大小，对平均值进行调整。在实践中，一般是以股票的发行数量或成交

026

量作为市场影响参考因素，纳入指数计算，称为权数。

例如，上例中3只股票的发行数量分别为1亿股、2亿股、3亿股，以此为权数进行加权计算，则价格加权平均值为（15×1 + 20×2 + 30×3）/（1 + 2 + 3）= 24.17元。

由于以股票实际平均价格作为指数不便于人们计算和使用，一般很少直接用平均价来表示指数水平，而是以某一基准日的平均价格为基准，将以后各个时期的平均价格与基准日平均价格相比较。计算得出各期的比价，再转换为百分值或千分值，以此作为股价指数的值。

例如，上海证券交易所和深圳证券交易所发布的综合指数基准日指数均为100点，而两所发布的成份指数基准日指数都为1000点。在实践中，上市公司经常会有增资和拆股、派息等行为，使股票价格产生除权、除息效应。失去连续性，不能进行直接比较。因此，在计算股价指数时也要考虑到这些因素的变化，及时对指数进行校正，以免股价指数失真。

道氏理论认为通过对多品种走势的指数化处理，可以帮助我们看清楚整体的运动方向，而这就是把握趋势的开始。

第二节　指数与大势

趋势的判断并不是一个"意愿"问题，必须有具体的实现工具和方法。在查尔斯·道的年代关于趋势的判断还没有成为市场参与公众的热议主题，直到杰西·利弗摩尔留下遗作去世数十年之后，趋势的判断才进入绝大多数投机客的眼界中。

如何判断趋势呢？其实真正有效的方法就那么几个，只不过大众又衍生出来众多细枝末节、无关紧要的方法。真正有效的趋势判断方法有两个，第一个是跨时间分析，比如你做日内交易，那么查看日线走势就很容易培养出对趋势的感觉和判断，这个方法在《外汇交易三部曲》这本册子中有所提及，主要是在第十一章"行为分析"和第二章"趋势分析"中展开。

大家切不可以为这些东西是纯理论的，如果这样去对待就容易迷失投机交易的正途。**趋势分析的法宝就是"两跨"，除了上面介绍的"跨时间分析"之外，还有"跨空间分析"。如果说杰西·利弗摩尔是"跨时间分析"的奠基人，那么查尔斯·道则是"跨空间分析"的奠基人。**

究竟什么是"跨空间分析"呢？综合两个单独交易的品种走势就是"跨空间分析"的最基本形式，查尔斯·道利用股价指数或者说大盘指数进行了"跨空间分析"，这样就有利于交易者把握个股的趋势。

除了这种"跨空间分析"方式之外，还存在所谓的"跨市场分析"，比如约翰·墨菲的《市场间分析》(*Intermarket Analysis*，他曾经出过一本同名的专著，见图 2-3)，这就是更大范围上的"跨空间分析"，比如将外汇、期货、股票、债券、贵金属等多个市场综合起来分析，寻找相关性，相互验证，这也是一种帮助我们认清单个交易品种趋势和整个金融市场趋势的方法。

图 2-3 《市场间分析》封面

Mataf.net 这个网站提供了主要货币相对强弱走势图。

另外，还存在所谓的"相对强弱分析"，这种方法在国内外都有不少名家提倡，比如威廉·欧奈尔、马丁·普林格以及弈樊和吴迪等，这种方法其实是在上述跨空间的方式上更进了一步，其实也是将分析与实践结合的必然一步。具体而言就是在将市场指数与单个品种走势进行对比分析（见图 2-4），这其实是更进一步的"跨空间分析"，这种方法增强了交易者对市场环境的把握，对于交易者规避系统性风险非常有益，而这是纯正技术分析很难做到的。

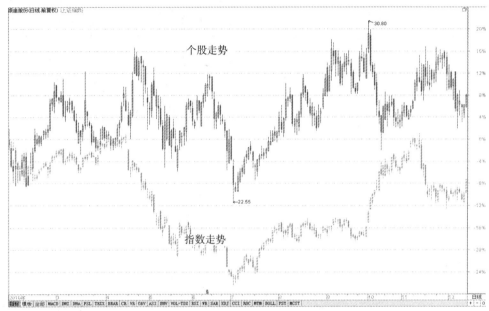

图 2-4　个股走势与指数走势叠加

资料来源：通达信。

从上面的分析我们知道了指数其实是"跨空间分析"的具体工具，而"跨空间分析"则是大势分析的工具，因此指数分析是大势分析的非常有效的一个工具。道氏理论的目标是通过分析指数来分析大势，这种思维其实是基于"跨空间分析"的原理。不过，道氏理论的某些思想在分析单个品种趋势的思想也是有价值的，比如通过 N 字顶部和 N 字底部觉察趋势开始的方法就可以运用于许多领域（见图 2-5）。

在外汇交易中，绝大多数炒家醉心于日内走势的分析，而且随着交易的深入往往只关注一个货币，这就使交易者失去对大势的把握能力。**关注日内走势，就忽视了"跨时间分析"，往往容易被道氏理论所谓的日内杂波所迷惑，进而逆势操作。**

在震荡走势中这种方法会带来一定的收益，但在市场不知不觉转化为单边走势之后就会付出沉重的代价，这就是所谓的"市场局部随机强化特征"。**交易者要避免被市场的这种**

关于外汇市场的随机强化特征和影响，可以参阅《外汇短线交易的 24 堂精品课》第二课"达成完美：随机强化下的困境"。

图 2-5　英镑兑美元走势中的 N 字底和 N 字顶

特征迷惑就必须拉长自己的视野，通过缩小走势图，通过在日线图上观察行情来获得规避市场这一特征干扰的优势，而这就是"跨空间分析"的关键所在。

三屏分析原则在交易界非常盛行，这是专家级交易者们习惯采用的方法，也就是通过观察三个时间层级差异较大的行情走势来把握市场的"势、位、态"。在外汇交易中，三屏分析方法较为一般的形式是同时在显示屏上展示日线，1 小时线和 5 分钟线的走势（见图 2-6）。

图 2-6　三屏分析法

　　三屏分析方法是"跨时间分析"的具体实现工具之一，同时也与我们行为分析三要素——"趋、位、态"相契合。我们通常采用日线走势来分析趋势，通过 1 小时走势来寻找关键的位置，也就是所谓的临界点，具体而言就是支撑阻力位置，最多加上引力位置（回归中枢）。

　　这些位置是潜在的进场点和出场点。光是有了这些进场点和出场点还不够，我们还需要确定实际进场点和出场点。一般而言，我们主张分批进场和分批出场。单一进场和出场不容易因应行情的变化，毕竟行情的变化会导致相应的期望值分布发生变化，而这要求相应地调整持仓比例。

　　确定实际进场点和出场点，就需要在确定潜在位置的基础上查看价格形态在某一潜在位置上的变化，比如在下跌趋势反弹中某一阻力位置上是否出现了"黄昏之星"（见图 2-7），如果出现了则表明确认了实际进场点。确定实际进场点和出场点一般在 5 分钟框架上展开。我们以外汇交易的日内交易为例说明了基于"跨时间"原理的三屏系统是如何运作的，也进一步说明了"势、位、态"分析策略能够高效发挥作用的背后机理之一。

　　通过形态甄别点位的有效性。当然，你还可以进一步结合多空持仓比例，以及题材性质来确认点位。多空持仓比列可以在许多外汇网站上看到，例如 Dailyfx.com 和 Oanda.com 等。

图 2-7　形态确认

"势、位、态"是我们技术分析（行为分析）的核心，是我们对技术分析的全面提炼和深化，有了这个东西大家就能够有的放矢，而不被具体的技术指标所限制，**道氏理论主要围绕"势"展开，是极其宝贵的趋势分析工具**，是我们在其他书籍中没有正式涉及和展开的工具。

本节主要介绍的是指数与大势的关系，具体而言是指数在大盘趋势分析中的意义和主要运用。道氏理论基于指数展开，这说明了它"跨空间分析"的特性，这是两种高效趋势分析的原则之一。

除此之外，道氏理论还将趋势波动、次级折返和日内杂波进行了区分，而这种波动的划分其实主要是基于时间长度和空间幅度展开的，而且以时间长度为主，由此看来道氏理论实际上也是运用了"跨时间分析"。同时，道氏理论交易者必须密切观察日线以上的行情走势，这样才能把握趋势，这与三屏分析策略的路子基本上是一致的。

关于"势、位、态"的全面讲解请参考《外汇交易三部曲》。

第三节　指数作为背景和基准：强弱对比分析策略

指数不仅仅是给我们提供对趋势的把握能力，而且也能够帮助我们挑选适合具体操作的品种。如何利用指数来挑选具体操作的品种呢？我们可以运用强弱对比为主的分析策略，这点是绝大多数职业炒家都在运用的手段。

将单个品种置于指数的大背景下进行分析，这是区分职业交易者和业余交易者的一个关键。对比分析的方法有很多，除了指数和单个品种的对比之外，还存在其他对比形式，我们在本小节中也会提及。**没有对比就没有分析，这是外汇交易乃至在任何品种交易中都必须要做的一个环节。**

对比才能让我们做出明智的选择，日常生活和金融交易中都是如此。对比才能让观察有基准，有了基准才能有可靠的结论。

很多时候，交易者的分析都离开了一个比较的基准，而这对于行情分析是非常危险的。除了横向对比之外，纵向的对比也是非常有意义的，比如前期高点和目前高点的对比。

除了简单的比较价位水平之外，还可以**将历史上相同价格水平对应的基本面情况进行比较**（见图2-8），**这种比较可以帮助我们判断现价处于历史高点倾向于向上突破还是像以前一样回落**，这就是将驱动分析和行为分析或者基本分析和技术分析巧妙结合的典型。下面我们回到强弱对比分析这个主题，我们主要采用单个品种和指数的对比来分析行情，进而做出决策。

怎么看走势图？不是单纯地利用技术分析，你应该将重大的事件标注在价格走势图上。那些极端高点和极端低点对应的基本面背景也要搞清楚，这样你就能预判出今后一段时间价格是否会突破这些极端点位。

图2-8 高点的基本面比较

为什么要采用指数来观察单个品种的走势？原因有很多，下面将逐一分析。

第一，将指数设定为背景和基准来观察交易资本的变动情况，可以很好地衡量交易者的交易绩效水平，提高交易者挑选具体操作标的的能力。现在基本上所有的交易和投资基金都建立在基于某一指数的绩效衡量体系上，在国外最为主要的绩效衡量指数是道琼斯工业指数和标准普尔500指数，在A股市场则往往采用上证综合指数和沪深300指数。以外汇为主要交易标的物的基金大多数时候也倾向于以重要股指技术面背离谈得太多。技术面与心理面的背离，例如价格走势与多空对比的背离以及价格走势与市场区舆情的背离；技术面与驱动面的背离，例如消息利多，但是价格下跌。后面这两种范畴的背离大家关注得太少，其实它们的价值远远胜过了技术面本身的背离。

作为绩效衡量水平，期货交易者也是如此。

第二，通过将单个品种放到指数背景中观察可以发现异常状况，而这往往是趋势衰竭的信号。背离交易方法的一种较为重要的运用就是基于单个品种和指数的背离，比如单个龙头品种开始滞涨了，甚至下跌，而指数却仍旧在上升，这就是一种背离，大势转而下跌的可能性很大。另外还有一种情况就是指数已经开始转折，而单个品种却没有相应的表现，这种情况下的单个品种最终往往也难逃大势，这其实也是一种背离（见图2-9）。

图 2-9　个股和指数的顶部背离

通过将单个品种放到指数背景中观察可以"多强空弱"，这也是货币对选择的一个要领，不通过指数就不容易确定强势货币和弱势货币。某些软件和网站，比如 Mataf.net 提供了各个主要货币的指数和比较功能，这样就能够通过观察主要货币指数对比走势找出最弱货币和最强货币，如果这两种货币中的一种恰好是美元，那就更好了，可以通过操作相应的直盘货币来"买强买弱"。

在外汇市场中，强弱对比不仅是一种分析手段，而且也

是一种买卖方向，这点值得大家多花精力来研究。在本课的第四节中，我们将专门针对这一问题展开，这里就不再赘述了。

通过将单个品种放到指数背景中进行分析，可以确定当下外汇市场的情绪，甚至整个金融市场的风险偏好。举个例子来讲，比如澳元兑美元等商品货币的走势如果弱于整个美元指数的走势，说明高息货币受到冷遇，市场可能是偏向风险厌恶的，这时候甚至以新兴市场为主的股票和高科技股票也容易遭到抛售。

通过将不同品种走势或者是不同板块走势进行对比可以帮助我们确定行情的阶段，比如将公用事业类股票走势与石油类股票走势进行对比，如果比率上升，表明经济步入衰退状态，这种方法是马丁·普林格正式提出来的。

类似的方法也可以用在外汇市场中，比如高息货币如果相对于低息货币整体走强，则表明市场偏好高风险，自然追逐高收益资产。诸如澳元和纽币这样的高息货币就会受到追捧，而日元这样的低息货币则会遭到卖空。这种强弱对比对于外汇交易者而言意义重大，非常有用。

将单个品种放置到整个指数走势中进行分析，可以更好地把握市场的大背景，指数代表了更大的市场宏观基本面预期，单个品种的走势肯定是离不开当下最大的驱动因素影响的。举个例子来讲，如果美元指数最近一直单边持续走高，而你操作的是欧元兑美元，但是欧元兑美元并没有大的变化。你对美元指数强劲单边走势的驱动因素进行分析，发现美元有很大可能放弃量化宽松的货币政策，这种预期导致了美元指数的强劲上扬。这种预期持续下去的可能性很大，而欧元兑美元之所以纹丝不动，最为关键的原因是欧洲央行可能进一步加息抑制通胀上升，不过这种预期正在减弱。**通过单个品种走势和整个指数走势的对比可以推动我们进一步去发现背后的驱动因素，特别是宏观背景，而这对于把握市场未来的趋势方向是非常有用的，**对于预先区分真的震荡走势和单

息差和风险情绪可以划分出四个坐标区间，你可以由此判断出市场的主题和主要运动方向。

边走势是非常有用的。

如何运用指数来观察单个品种的走势？

我们这里主要就外汇市场的情况展开。第一种方法是将各个货币指数相互比较。这个方法将在下一节展开，这里就不再啰嗦了。这也是强弱对比在外汇市场中的最主要和具体的运用。

第二种方法是将直盘货币与美元指数进行分析。美元指数比起其他货币指数，比如欧元指数而言更加容易获取，因此，对于绝大多数外汇操作者而言，将直盘货币与美元指数的走势进行比较是非常容易做到的。比如，美元兑瑞士法郎的走势可以与美元指数的走势结合起来分析（见图2-10），这样就可以对瑞士法郎的趋势有一个明确的认识，一旦完成了对趋势的认识，就可以帮助交易者更好地处理接下来的进出场位置确定。

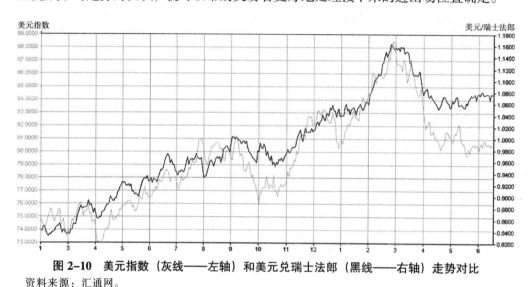

图 2-10　美元指数（灰线——左轴）和美元兑瑞士法郎（黑线——右轴）走势对比

资料来源：汇通网。

第三种方法是将汇率走势与商品指数进行对比分析。外汇市场中绝大多数货币对于重要商品走势存在千丝万缕的联系，比如英镑和日元与原油走势密切相关，而黄金则与瑞士法郎和澳元走势密切相关，而最主要的大宗商品走势指数CRB则与商品货币密切相关。同时分析特定汇率与商品指数的相关性，或者说将两者进行对比可以帮助交易者更好地定位特定汇率的趋势。

第四种方法是将汇率走势与股价指数进行对比分析。日经走势与日元的走势往往是相反的，日元升值（美元兑日元下跌）往往意味着日经走弱。道琼斯指数的走势现在基本上也是与美元指数走势相反的，美元走势走强往往与避险需求有关，风险厌恶情绪高涨的时候，诸如美元和日元这种低息资产受到追捧，美元指数走强，而以道琼斯指数为代表的高息资产则受到打压。

第四节　货币强弱指数和 Mataf 方法

曾经有不少交易者想要通过自己在 Metatrader 4.0 上来实现对货币相对强弱的刻画，虽然相关程序被编写出来了，但是各个货币的走势却非常凌乱。这种困境使货币的相对分析一度变得非常困难。

不过，在国外专家的努力下，主要货币的综合指数被确定计算出来，并且可以对各个主要货币的综合指数进行强弱比较。这个功能在 Mataf.net 网站上得到了完美的体现，下面我们就结合这一网站提供的功能来讲解货币强弱指数的运用。

在国际市场中，绝大多数货币都是与美元进行换算的，如果非美元货币之间要进行换算则需要经由各自美元汇率的换算，所以**美元是整个外汇市场的核心所在**，这与国际商品市场的情况基本一致。

在国际商品市场中，无论是黄金，还是原油、铜、主要农产品等都是以美元作为最主要的结算货币，这使美元本身的变化会影响到国际商品市场的整合走势，比如 CRB 指数等。

正因为美元非常重要，所以外汇市场指数的构建最初是围绕美元展开的，这种情况在现在的外汇市场上并没有多大的改善。虽然，美元指数具有非常重要的作用，但仅仅了解美元指数的走势并不能帮助日内交易者确定目前的市场情绪和货币强弱，这就要求我们能够分别计算出单个货币的指数，然后再就这些指数进行比较。非常庆幸的是 Mataf.net 网站提供了这一功能。

Mataf.net 货币指数包括单一货币指数模式（见图 2-11）、简单的两种货币指数比较模式（见图 2-12）和多货币指数比较模式（见图 2-13）。我们比较推崇的是后面这种比较模式，因

> 美元其实是整个国际资本流动的风向标。无论是外汇市场、股票市场还是商品市场和债券市场，以及比特币市场等，都要重点关注美元指数。

为，只有尽可能广泛地横向比较才有可能对趋势和强弱有明确的认识。

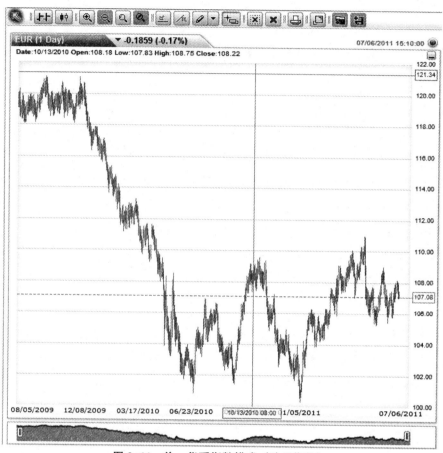

图2-11 单一货币指数模式（欧元指数）

资料来源：Mataf.net。

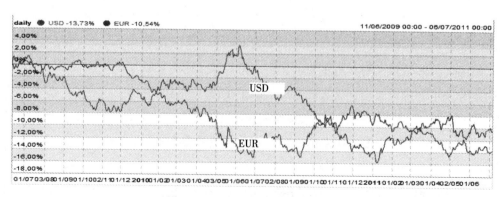

图2-12 两种货币指数比较模式

资料来源：Mataf.net。

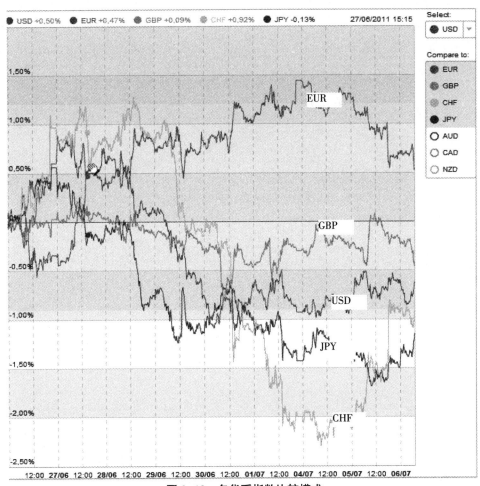

图 2-13 多货币指数比较模式

资料来源：Mataf.net。

如何运用 Mataf.net 的货币指数比较功能呢？

第一种方法是查看利息高低与货币强弱势的关系，这可以帮助我们掌握目前市场的情绪倾向和主题，而这直接决定了趋势的性质和方向。这里存在两种比较典型的情况：第一种情况是利息越高或者加息预期越强的货币越在上面（见图 2-14）；第二种情况是利息越低或者降息预期越高的货币越在上面（见图 2-15）。第一种情况表明市场目前追逐高风险的资产，风险偏好高涨，利息越高的货币，走势越强劲，目前的外汇交易方式以套息交易为主，所以高息货币较低息货币更加受到追捧。第二种情况表明市场目前青睐低风险的资产，风险厌恶情绪高涨，利息越低的货币，走势越强劲，目前的外汇交易方式以避险交易为主，所以低息货币比高息货币更加受到追捧。这种运用方法非常重要，每天分析的时候一定要看看最近一段时间是高息货币强势还是低息货

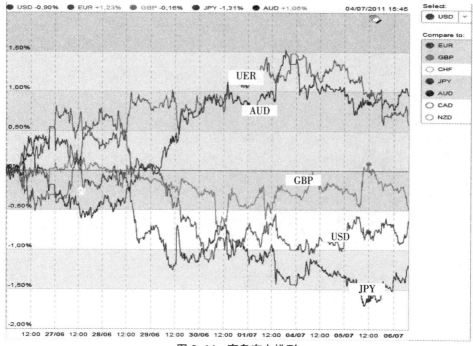

图 2-14　高息在上排列

资料来源：Mataf.net。

图 2-15　低息在上排列

资料来源：Mataf.net。

币强势，我们的习惯是每天定时查看货币指数的排列，这样可以帮助我们搞清楚目前的市场情绪和主题，而这是驱动外汇市场波动走势的最重要因素。

第二种方法是找出最强的货币和最弱的货币。在货币指数中排列在最上面的代表是最强的货币，而排列在最下面的代表是最弱的货币（见图2-16）。外汇市场中的专家级交易者往往倾向于通过这种分析方式来选择交易的最优货币对，最强的货币搭配最弱的货币可以为交易者提供趋势强劲的货币对。这种原理看起来简单，但很少有外汇日内交易者运用这一方法和恪守这一原则，因为他们往往追求的是复杂的东西，最终反而放弃了最为简单有效的法则。

第三种方法是寻找两种货币的强弱对比转折点，这个转折点通过行情走势图往往不能发现，但是通过货币强弱走势图则可以尽早发现趋势的反转（见图2-17）。

最傻瓜的外汇市场驱动分析就看息差与风险情绪两个因素。息差要看央行的政策周期，风险情绪则可以通过观察重大风险事件和风险指标来感知。风险指标有哪些呢？应该如何解读它们呢？参看《黄金短线交易的24堂精品课》第十六课"最关键的指标：风险偏好"。风险指标包括了VIX、国债CDS、国债利差和信用利差等。通过风险指标和收益差异，我们可以"定位"一个具体的金融标的在整个资产市场的位置，而市场参与者对风险的态度变化决定了他们会选择什么样的风险特征产品。我们知道了跨市场资金流动的根本原因在于"趋利避害"，风险情绪高的时候以"趋利"为主，因为对风险容忍度很高，风险情绪低的时候以"避害"为主。资金往哪里走？如果你仅仅是想知道资金在大类资产的配置倾向，基本上知道风险偏好即可。

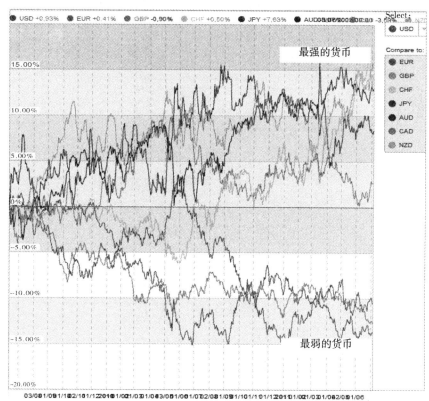

图 2-16　最强的货币和最弱的货币

资料来源：Mataf.net。

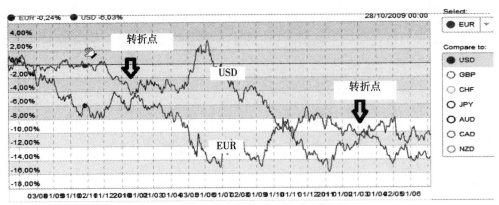

图 2-17　寻找两种货币强弱对比转折点

资料来源：Mataf.net。

第四种方法则是变化货币强弱对比图的时间结构来把握长中短周期上的市场节奏差异，Mataf.net 提供了各种时间层级中的货币指数比较，这个功能大家要灵活运用。

上述概括介绍了运用 Mataf.net 货币指数的方法，我们在此基础上深入谈一下货币指数强弱对比会涉及的另外一个问题，这就是货币相关性的问题。

货币相关性与货币相对强弱具有非常密切的关系，在某种程度上两者其实就是一枚硬币的两面。货币的相对强弱主要受到差异性因素的影响，而货币的正相关性则主要受到了同质性因素的影响。

一个货币与另外一个货币高度正相关，这就告诉我们在这段时间内这两个货币受到一个共同因素的影响，而找出这个因素就是我们的主要任务。一旦你找到了这个因素，那么驱动货币的关键因素也就找到了，此后这一货币将如何变动，趋势方向如何，往往取决于这个关键因素的"兴衰"。

在 Mataf.net 这个网站上我们也可以非常方便地找到货币对相关性的统计数据，这对于"跨空间分析者"而言是非常有用的工具。

总而言之，无论是货币的相对强弱还是货币的相关性其实都涉及货币之间的比较，一个日内交易者只有从货币的相互比较中才能找到真正的趋势方向。没有调查就没有发言权，

关于货币对相关性的全面和深入分析，可以参考《外汇短线交易的 24 堂精品课：面向高级交易者》一书的主要章节。

对于交易者而言这还不够，必须基于比较的调查才有发言权，为什么会这样呢？第一，比较要求我们"兼听"，要求我们全面地看待事物；第二，比较要求我们对事物的关系作出更进一步的剖析，这是一种动力；第三，没有比较我们就缺乏基准，在物理学中如果没有参照系我们也就无法定义所谓的运动；第四，比较提供了一种独特的相对性视角，让我们能够在金融市场中保持一个灵活而不刻板的态度，让我们能够因应市场的发展而改变自己的观点。

第五节　美元指数在外汇交易中的战略使用方法

我们在很多新闻资讯和汇评中会听到美元指数，并且它的走势影响整个外汇市场的动向，所以是非常重要的概念，如果能将美元指数配合波浪理论一起运用，会对把握市场行情起到非常好的效果。

那什么是美元指数呢？美元指数（US Dollar Index®，USDX）类似于显示美国股票综合状态的道琼斯工业平均指数（Dow Jones Industrial Average），美元指数显示的是美元的综合值，是一种衡量各种货币强弱的指标。

美元指数出自纽约的棉花交易所，1985 年纽约棉花交易所成立了金融部门，首先就推出了美元指数，美元指数的计算原则是以全球各主要国家与美国之间的贸易量为基础，以加权的方式计算出美元的整体强弱程度，以 100 为强弱分界线。

自 1999 年 1 月 1 日欧元推出后，对这个期货合约的标的物进行了调整，从 10 个国家减少为 6 个国家，欧元占比 57.6%，日元占比 13.6%，英镑占比 11.9%，加拿大元占比 9.1%，瑞典克朗占比 4.2%，瑞士法郎占比 3.6%，欧元也一跃成为了最重要、权重最大的货币，其所占权重达到 57.6%，因此，欧元的波动对 USDX 的强弱影响最大。当前的 USDX 水准反映了美元相对于 1973 年基准点的平均值。到目前为止，美元指数曾高涨到过 165 个点，也低至过 70 个点附近。该变化特性被广泛地在数量和变化率上同期货股票指数作比较。1973 年 3 月曾被选作参照点，是因为当时是外汇市场转折的历史性时刻，从那时起主要的贸易国容许本国货币自由地与另一国货币进行浮动报价。

美元指数是每一个交易者必须熟悉的指数，主要用于分析非美货币未来的走势，其次用来对比各个非美货币的孰强孰弱，不过美元指数是不提供直接交易的，但给了我们一个很好的参照物。货币相对强弱比较中的指数采纳的是百分比坐标，而美元指数采纳的则是基于普通算数的坐标。

美元指数的运用方式有很多，我们下面择要介绍几种，这些都或多或少的与外汇交易有密不可分的关系。

第一种美元指数的运用方法是基于驱动事件标注法，这个方法我们很早就开始在运用了，但是并不仅限于美元指数的分析。将驱动事件标注法专门用到美元指数上的是 Dailyfx 的研发部门，它们在网站上每日都会公布一个短期美元指数走势和相应驱动事件的图（从 Dailyfx 网站的 "USD Graphic Rewind" 这个栏目可以看到，不过有时候这个项目没有采用驱动事件标注，这时候大家就需要自己动手标注了，见图 2-18），这个图可以帮助我们理解最近美元波动走势的驱动因素，而了解这些驱动因素可以很好地帮助我们理解市场大背景。一旦我们对市场大背景有了全面的掌握，那么趋势方向也就比较明确了。

第二种美元指数的运用方法是结合贵金属指数进行分析（见图 2-19）。一般而言，如果美元指数和黄金等贵金属一起上涨，则表明全球金融市场风险厌恶情绪盛行，这时候的非美走势往往与贵金属的方向相反；如果美元指数下降，而贵

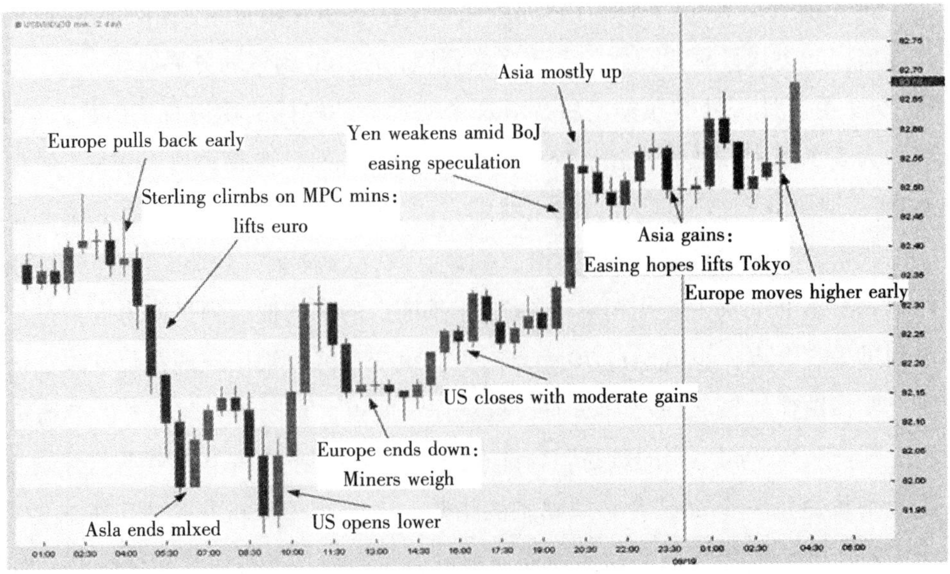

最好自己动手将重大事件和经济数据标注在美元指数走势图上。

图 2-18　驱动事件标注法

资料来源：Dailyfx.com。

金属价格上涨，则可能表明美元流动性过剩，美国预期通胀上涨，这时候的贵金属价格往往与非美走势同向。通过查看美元指数与贵金属价格的相关性和方向，可以很好地判断目前全球金融市场和世界经济的大背景，进而对外汇市场上的情绪偏向有正确的判断，而后者对于判断外汇市场的趋势是非常有用的。

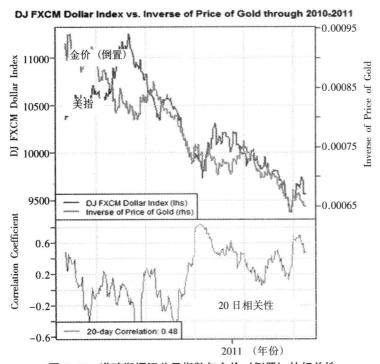

图 2-19　道琼斯福汇美元指数与金价（倒置）的相关性

资料来源：Dailyfx.com。

第三种美元指数的运用方法是结合原油等大宗工业原材料的走势进行分析（见图2-20）。美元指数的下挫往往会使原油和铜等商品的价格上扬，如果全球经济向好，那么商品货币就容易走强，如果全球经济笼罩在阴影之中则商品货币短期走强之后往往会下跌。美元指数本身的走势体现了商品货币的走势，这是直接的关系，而美元指数会影响商品期货的走势，进而影响商品货币的走势，这是间接关系。有时候，市场大众对于复杂关系的理解具有选择性，这时候就需要通过心理分析来把握市场的焦点，这其实也是道氏理论有所涉及的地方，只不过缺乏相应的发展而已。

第四种美元指数的运用方法是基于美元指数日线图进行道氏理论分析。美元指数基本上体现了外汇市场的整体趋势，因此是运用道氏分析法的一个良好工具。道氏理

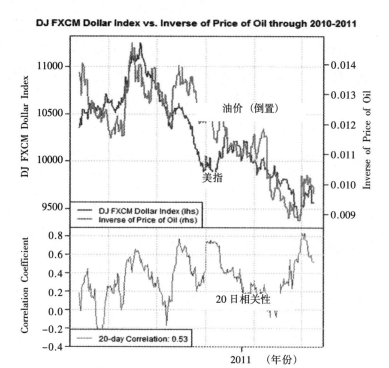

图 2-20 道琼斯福汇美元指数与原油价格（倒置）的相关性

资料来源：Dailyfx.com。

论的基本原理都可以照搬到美元指数的分析上，如果想要对外汇市场大势有良好的把握，美元指数的逐日分析是必不可少的。不过在分析时要注意一个问题，那就是美元指数主要是一个趋势分析工具，所以应该以日线以上走势作为分析的时间框架。从美元指数中找出趋势运动波动和次级折返波动是最主要的任务，对于日内杂波没有涉及的必要。

第五种美元指数的运用方法是结合全球主要股指走势进行分析（见图 2-21）。在美国经济繁荣时期，美元指数与美国主要股指的表现较为一致，这时候国际资金介入美国股市，因此带动了美元指数的上涨；在全球经济低迷时期，美元指数与美国债券的表现较为一致，这时候国际资金往往流入美国债券市场，因此国债利率走低，国债价格上涨，同时美元指数上涨。美元指数与证券市场的结合观察，也可以帮助我们掌握全球金融市场的风险偏好状态。为什么风险偏好这么重要，因为风险偏好是外汇市场波动走势的最重要决定因素。

国际资本流动决定了大类资产的相对表现，而美元指数则是国际资本流动的风向标。

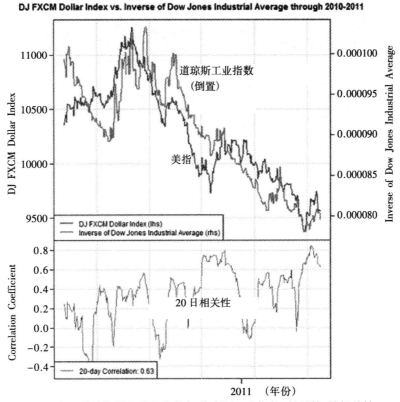

DJ FXCM Dollar Index vs. Inverse of Dow Jones Industrial Average through 2010-2011

道琼斯工业指数
（倒置）

美指

DJ FXCM Dollar Index (lhs)
Inverse of Dow Jones Industrial Average (rhs)

20 日相关性

20-day Correlation: 0.63

2011　（年份）

图 2–21　道琼斯福汇美元指数与道琼斯工业指数（倒置）的相关性
资料来源：Dailyfx.com。

　　第六种美元指数的运用方法是结合艾略特波浪理论分析展开，这种分析方式在国际上比较权威的艾略特研究机构中运用较广，比如普莱切特领导的艾略特波浪理论分析机构就定期公布美元指数，重要商品期货，主要股指的艾略特波浪分析。这些分析有一定的参考价值，不过这些主要是为趋势分析服务的，并不能作为充分的交易决策。

　　绝大多数人将波浪理论的分析当作交易决策，这是错误的，而另外一些人则将波浪理论的分析看作是完全无用的东西，也是错误的。波浪理论为交易者提供了一个关于市场趋势的预估，也许还可以进一步为我们提供潜在的进出场位置，但是绝没有提供具体的进出场决策。按照我们的这套理论体系来看，波浪理论集中在"势"的分析上，最多涉及了"位"，绝没有涉及"态"的分析，对于仓位管理更是没有涉及。如果你硬要将波浪理论当作一种交易系统，那么必须补充仓位管理方面的条例。

市场操纵

对于日内杂波而言，市场操纵是可能发生的。

——威廉·彼得·汉密尔顿

英国伦敦的交易员们往往通过触发大众的止损订单来获利。

——凯西·莲恩

第一节　伦敦货币交易员的日内操纵与英镑择时操作法

日内杂波在道氏理论那里并没有得到充分的研究，不过道氏理论却提出了一些较为有用的观点。道氏理论的发展是基于股票市场，因此也就忽视了日内波动的深入研究。因为股票的日内波动幅度较小，在没有杠杆或者低杠杆的股票市场上提供的潜在利润较小，而且非常不容易把握。

但是，随着期货和外汇保证金市场的发展和扩大，我们不得不重视日内杂波的研究。作为日内短线交易者，在重视趋势的前提下应该对日内杂波进行一些富有成效和实际操作意义的研究。

日内杂波往往受到市场作息规律和主力行为的影响，这个在 A 股市场上就有明显的影响，所以日内杂波的分析不得不查看盘口挂单和买卖单变化（见图 3-1），在外汇市场上也

巨量与数据发布，这是我们分析外汇日内杂波时需要关注的若干要素。

有类似的分析工具，这就是 FXCM 提供的无交易员平台，通过这个平台可以参看各个价位的挂单情况，功能类似于 A 股市场的盘口信息。另外，日内杂波还受到了主力习惯的影响，比如外汇市场的主力往往在整数关口挂单，因为从执行和结算的角度来看，这些整数关口更便于采纳。

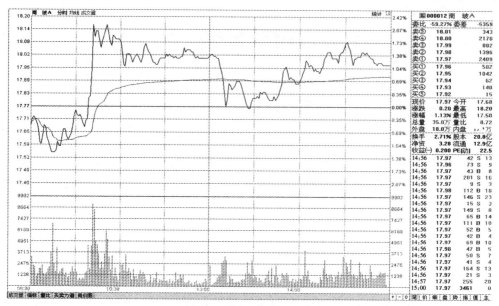

图 3-1　股票的盘口信息

外汇市场有两个显著的独特之处：一是很难统计成交量；二是有多个轮换的交易中心（见图 3-2 和图 3-3）。这两个特征使得外汇市场上的操纵具有不同于股票市场的特征，而了解这些对于日内交易者而言具有十分重要的意义。

很多采纳 Metatrader 4.0 平台的外汇经纪商都可以提供成交量（见图 3-4），但是这个成交量是局部的，而且受到了外汇交易中心轮换的影响，在亚洲市场主导时段成交量普遍较小，在欧洲市场主导时段成交量普遍较大，因此成交量的变化体现的无非是市场作息的变化。

外汇市场是 24 小时开放的，除了周日内假期之外，外汇市场在一刻不停地运作，但是并不是每个时段都适合特定交易策略，因为外汇市场交易中心的轮换往往直接决定了日内波动的特征，每个交易中心的力量是不同的，是不对称的。

外汇交易时区以及日内消息标注等功能可以从 Forexfactory.com 上面获得。

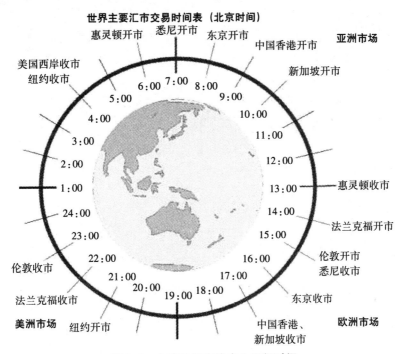

图 3-2　全球外汇交易中心运行时间

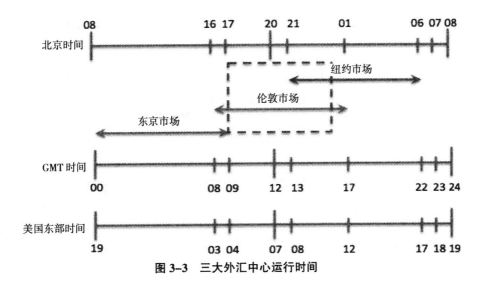

图 3-3　三大外汇中心运行时间

图 3-4　某经纪商 MT4 平台提供的局部成交量统计

所以，它们对行情中的影响也是不一样的，明白了这点才能更好地看待日内波动。没有成交量，全球各主要金融市场轮流充当交易中心，这就是外汇市场的独特之处，而这两个独特之处决定了外汇市场日内波动的诸多规律，下面将分别叙述。

外汇市场的交易员们受制于作息规律，这决定了日内操作的时间特性，而这是英镑择时操作法有效的基础。英镑择时交易法我们在《外汇交易圣经》和《外汇短线交易的 24 堂精品课：面向高级交易者》中都有详细的介绍。其大致的意思是英镑的大部分交易是由伦敦和欧洲大陆的交易员完成的，他们大多是银行等机构的交易员，因此能够看到绝大部分客户止损订单的准确价位，所以他们往往会在伦敦和欧洲外汇市场开始运作不久之后故意推动行情触发那些较近的止损单密集区域，通过这种方式他们不仅可以获得短线利润，而且能够试探出当日的主要方向，从而为此后的加仓操作提供参考。**欧洲市场开盘后一两个小时的走势往往是试探性的，第一波走势往往是反向的**（见图 3-5），这就是英镑择时操作法的思想之一。

伦敦外汇交易员和经纪商们曾经因为一些操纵被欧美监管机构处罚。

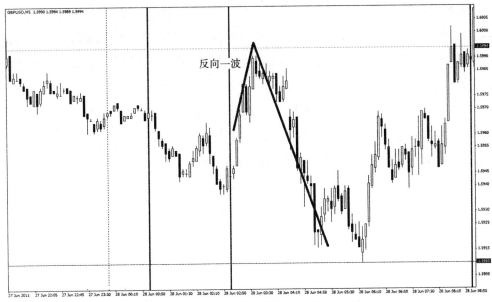

图 3-5 英镑兑美元在伦敦开市后的反向走势

外汇市场的机构订单受制于人类的心理会计倾向,而这决定了汇率日内波动的整数特性,而这是整数框架操作法有效的基础。50 结尾的价位和 00 结尾的价位往往是市场分析和机构挂单的位置,你看看汇评和机构交易员的交易计划就知道了。

日内波动的转折点经常出现在 50 价位和 00 价位附近不超过 5 个点的区域(见图 3-6),我们在 《外汇短线交易的 24 堂精品课:面向高级交易者》中对利用这一规律的

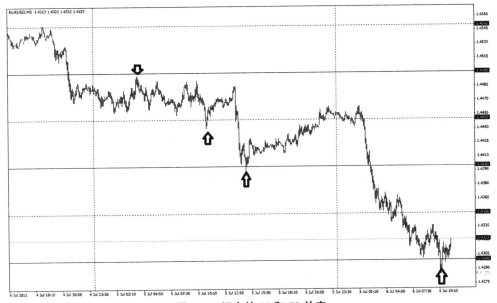

图 3-6 汇市的 00 和 50 效应

整数框架操作法进行了全面而详细的介绍，这里不再赘述。读者明白一点即可：00 价位和 50 价位往往是日内波动的高低点，这就好比一个箱体。大家如果看过达沃斯的箱体理论就会发觉外汇也好像乒乓球一样，在一个个叠在一起的箱体中运行，而这些箱体就是 00 结尾的价位和 50 结尾的价位。

外汇市场中的日内策略就像服装一样具有流行性，一段时期内流动的日内操作策略决定日内波动的一些规律，比如曾经非常流行的 Camarilla（见图 3-7）和轴心点策略。这些策略广泛流行的时候，价格的转折往往自我实现，这些策略预先计算出的阻力支撑位置经常发挥作用，关于 Camarilla 和轴心点（本书后面将详细介绍），大家可以参考《外汇短线交易的 24 堂精品课：面向高级交易者》。

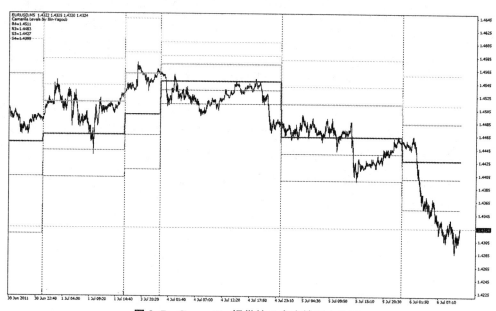

图 3-7　Camarilla 提供的日内支撑阻力位置

亚、欧、美操作员之间的相互较量也成为外汇日内波动的一个显著驱动因素。早在 2006 年，一位交易员就发现了一个非常重要的现象，那就是有时候欧洲和美国的交易员会相互攻击对方止损订单和削减对方的浮动盈利。

比较典型的情况是欧洲交易员将欧元兑美元推升，到了纽约开市之后，美国交易员就将欧元兑美元打压下来，从而让欧洲交易者的浮动利润化为灰烬，甚至触及止损单。

日内杂波除了受到上述这些因素的影响之外，还受到了日内公布数据的影响。如果日内公布的数据较多而且重要程度较高，那么日内波动就较有规律，杂乱程度就较低。

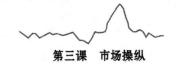

一般日内公布数据的预期会提前影响行情，这个提前幅度一般是半天左右，结构性变化的货币政策，比如加息或者量化宽松等则会提前甚至数周影响市场。**市场主要关注的是最近一个要公布的重要数据，明白这点很重要，市场很难同时吸收多个数据预期的影响，因此在一段时间内往往以吸收最近一个最重要数据的预期为主，明白这点对于短线操作而言非常重要。**

为了让大家重视这一规律，我们将其定义为"**关注最近最重要数据倾向**"，进一步可以定义为"**市场行情体现最近最重要数据预期原理**"。所以，日内波动除了受到市场作息规律、机构挂单习惯的影响之外，还受到这种最近数据预期的影响，这是影响外汇日内杂波走势的三个最为重要的因素。**我们总结为帝娜外汇日内波动三大规律：市场作息规律、最近数据预期规律和机构整数挂单规律。**

另外，实际值公布不符合预期也会引起市场的波动，这个比较好把握。**关键是观察市场对消息的反应，这点很重要，**单纯看待消息和数据是没有用的，只有从比较中才能更好地把握。

最近最重要的数据主导接下来的行情。

第二节　官方干预背景下的索罗斯策略和卡尔沃策略

日内杂波除了受到上面一个小节介绍的因素影响之外，还受到了官方干预的影响。以前官方干预较为严重的货币是日元，现在欧元也容易受到来自亚洲，特别是中国官方买盘的支持。

日本官方干预日元汇率的目的是为了维持出口对国内经济的拉动作用。

中国官方干预欧元汇率的目的是为了避免欧元的崩盘，同时深化国家外汇储备的多元化。

官方干预的形式是多样的，有口头干预、单独实际干预和联合实际干预等多种形式，最为有效的干预是联合实际干预。

作为外汇交易者如何应对官方干预呢？这里面有一个经验上的诀窍。一般而言，**官方进行干预的时候会在汇率持续单边大幅变动之后的关键价位展开，如果汇价出现了快速大幅的反向走势，而市场上没有正式消息表明其原因，只是有干预传言，那么很可能干预已经在进行了。**

面对官方对汇率的干预我们不能简单地顺应或者反向操作，必须明白一个分阶段的原理。一般而言，**在干预的初期，汇价往往会顺着干预的方向大幅运动，但是干预的后期，汇价则往往会恢复此前的趋势。**决定汇价中长期走势的还是经济体本身的情况，当年索罗斯能够与官方干预逆向操作，最为关键的原因有两条：第一，英国无法承受高利率和强势英镑对经济的紧缩影响；第二，德国不愿意进行联合干预，英国孤军作战。图 3-8 显示了英镑在干预前后的走势。经济状况和是否进行联合干预是判断逆向还是顺向操作的关键。

干预是顺周期还是反向操作，效果是不一样的。

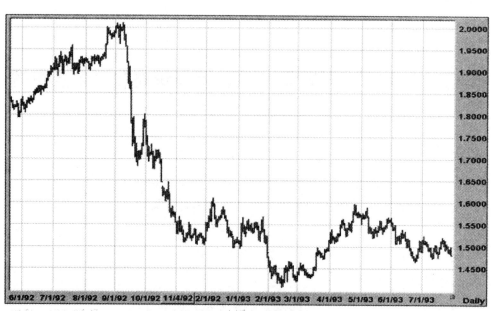

图 3-8　1992 年英镑危机

资料来源：叶志坚：《外汇市场波动带来的投资机会》。

　　如果汇率贬值，而且经济状况也很差，同时不会进行联合干预，那么单独的官方干预往往提供了反弹做空的机会，这种情况下的操作策略我们定义为"索罗斯策略"。之所以定义为"索罗斯策略"，是因为索罗斯倾向于抓住势必衰竭的行情。

　　如果汇率贬值，但是经济状况不算很差，同时有可能进行联合干预，比如除了欧元区自己干预之外，中国和日本也大肆买入欧元区债券，那么官方干预则提供了抄底的机会，至少是阶段性大底，这种情况下的操作策略我们定义为"卡尔沃策略"。之所以这种操作方式定义为"卡尔沃策略"，是因为卡尔沃是典型的顺向交易者，他非常注重跟随"Big Man"的步子，而联合干预者恰好是最大的主力。亚洲金融危机期间，港元兑美元的币值没有出现大的趋势运动（见图3-9）。

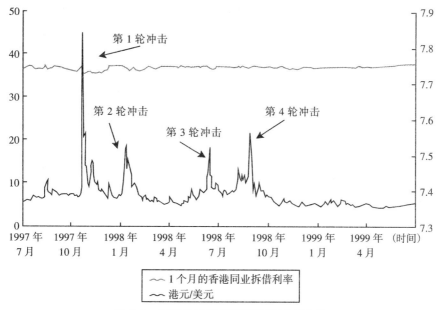

图3-9　亚洲金融危机期间港元/美元走势
资料来源：刘怡翔：《外汇市场发展与金融稳定》。

　　"索罗斯策略"打败了英国人，却败给了香港货币当局，原因有两条：第一条是香港是联合干预，内地和香港有充足的外汇储备来干预，而英国是一个被德法找准机会想踢出去的伙伴，孤军作战；第二条是内地和香港的经济状况不算太差，英国当时的经济很差，利率水平却很高，因为要维持与德国马克的固定汇率，在德国为应对统一引发通胀问题而加息之后，英国被迫跟随加息。

道氏三重结构和杰西·利弗摩尔趋势分析表格法

股指的走势由三重运动构成。

——罗伯特·雷亚

经过多年的实际交易实践之后，我发现了市场运动的一种三重结构模式，并通过表格来跟踪它们。

——杰西·利弗摩尔

第一节　道氏理论的三重结构

道氏理论最有实践价值的部分是关于市场三重结构的内容。为什么这个内容这么重要呢？因为它帮助交易者规避了"市场局部随机强化造成的陷阱"，也许这句话有点抽象，不过你应该明白这句话——"在金融市场中，你做对了不一定盈利，你做错了不一定亏损"——短期内金融交易确实如此，这就是随机强化。但是长期下来，你只有做对才能赚钱，只要你做错一定亏钱，这就是一致强化。

市场短期内的波动缺少确定性，因此容易产生随机强化，而长期的波动更具确定性，因此容易产生一致强化。随机强化会让一个人变得精神分裂，而一致强化则容易让一个人健康成长，就金融交易而言也是如此。

短期内我们很容易成为傻瓜，长期内我们都是智者。

顺势而为：外汇交易中的道氏理论

那么，三重市场结构如何区分呢？第一重是主要趋势波动，在股票市场牛市或者熊市的同向大波动就属于这种类型，在外汇市场中则是持续十几日的单边波动。同向主要趋势波动之间间隔着次级折返，也就是第二重结构。主要趋势波动分为两种情况，向上趋势波动（见图 4-1）和向下趋势波动（见图 4-2）。

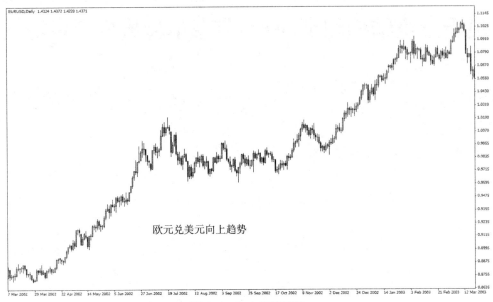

图 4-1　向上趋势波动

图 4-2　向下趋势波动

　　次级折返波动也分为两种情况，第一种情况称之为调整（见图 4-3），第二种情况称之为反弹（见图 4-4）。次级折返持续的时间和幅度一直是道氏理论家们关注的重点。**次级折返提供了潜在进出场的位置**，这点很重要。虽然道氏理论对于进出场点没有非常明确的定义，但是从该理论最近的发展可以发现，其实道氏理论的进出场点基本上是依靠次级折返和主要趋势波动的临界点来确定的。我们需要强调的一点是：无论是趋势波动还是次级折返，其基本的构成都是日内杂波，也就是说其实市场有两个层面，趋势波动和次级折返是同一个层面，而日内杂波是下一个层面。

　　在道氏理论中被定义为"随机性很强，趋势性极弱"的波动，这点需要大家注意。道氏理论认为连续多日横盘整理的日内杂波是有价值的研究对象，除此之外唯一需要注意的就是**不要被日内杂波击中**。

　　很多趋势跟踪交易者都利用各种方式来规避日内杂波对交易的干扰，他们一般会利用 ATR（见图 4-5）来确定最小的止损幅度，比如理查德·丹尼斯的海龟交易法就运用了这一原则，他将日均波动幅度作为初始止损和跟进止损的标准。

> 为什么会出现次级折返？第一，主要趋势上仓位过高，舆情高度一致，需要调整和洗盘；第二，暂时缺乏新的题材驱动；第三，技术上大幅乖离。

图 4-3　外汇上升趋势中的调整

图 4-4　外汇下跌趋势中的反弹

图 4-5　平均真实波幅指标（ATR）

如果你是一个趋势跟踪交易者，最好利用 ATR 来规避日内杂波对持仓的干扰。如果你是日内交易者，那么利用日内波幅统计则是非常好的做法。主要货币对日内每小时的平均波动幅度都可以从 Mataf.net 上面查到，而且某些经纪商也提供了统计特定小时实际波动幅度的 Metatrader 4.0 程序，大家可以结合起来使用。

怎么用呢？一种用法是可以作为超短线交易工具，一旦本小时内波幅达到均值，立即平仓。另一种用法则是用来观察行情的发动，如果某一小时的实际波动值显著大于均值，与此同时市场并没有发布什么重要数据，但是最近为避险情绪所笼罩，那么这是新一轮单边波动的开始。

为什么道氏理论的三重结构模型对外汇交易者而言非常重要呢？

第一，绝大多数公认有效的趋势跟踪策略之所以在外汇市场被屡屡践踏，遭遇尴尬，最为主要的原因是这些趋势都是建立在日线之上的走势，如果在日内杂波上使用这些策略肯定是要碰壁的。

比如，在日内交易的 5 分钟走势图上采用海龟操作的某些法则就很难，因为日内波动相当不规则，假突破很多，突破后的加仓往往造成频繁的亏损。在我们此前的外汇教程当中没有涉及这一问题，所以很多人在掌握了"势位态"策略之后，在 5 分钟图上来分析"趋势"和"位置"，遭受了频繁止损，这就是没有搞清楚市场的三重结构。

第二，三重结构模型在道氏理论中是一个模型、是一个理想的工具，但这却是一个经受了长期实践检验的模型，可操作性很强，这有别于大众普遍采纳的趋势分析工具，比如趋势线和移动平均线等。

杰西·利弗摩尔本人的操作方法建立在三重结构的基础上，当然这是他自己独立总结出这个模型的，与道氏的看法有异曲同工之妙，这是本课第四节要谈到的问题。更为重要的是，我们接触了好几位超级炒家，他们的操作方式迥异，有 30 秒做一单权证的超级短线，也有持仓数月不断加仓的期货趋势跟踪交易。

但是，他们对于趋势的分析都是非常重视的，暗合三重结构的原理，他们能够取得成功很大程度上得益于类似的认识。我们不否认日内走势可能也受到了趋势的影响，但是日内走势的确定性很弱，把握起来非常难，日内走势中也有小型的阻力支撑位置，它们发挥作用的可靠性较低。因此，**最**

日内在什么情况下可以加仓？日内如何加仓？如何应对震荡市？日内震荡走势有什么特征？可否根据这些特征做一些过滤和特别仓位管理？日内震荡的特征有如下几条：第一，震荡容易出现在开盘价附近；第二，大幅波动后容易出现震荡；第三，持续突破信号少等。基于这些特征，你如何过滤呢？

为稳妥的办法还是要结合三屏的思想，在日线之上的时间层级确定趋势，在具体操作的时间层级上确定形态，在两者之间的时间层级上确定位置。如果你是外汇日内交易者，那么在日线图上确定趋势，在1小时图上确定支撑阻力位置，在5分钟图上寻找具体进场信号，这样做出的"势位态"分析就具有较高的效率了。

第三，外汇短线交易中往往是位置重于方向，为什么呢？这并不是说趋势没有位置重要，要区分清楚的是方向这个东西其实是站在日内波动的角度来讲的。**市场的方向是暂时和局部的，市场的趋势是持续和全局的**，一般交易者往往着重于预测市场下一刻的方向，这就陷入了日内杂波的陷阱中。我们要避免被市场牵着鼻子走，就必须站得高，站到日线之上去看行情，这样才能找到市场的趋势。**市场三重结构理论恰好提到了灯塔的作用，让我们能够走出迷局。**

第二节　艾略特波浪理论的三重结构

拉尔夫·艾略特是艾略特理论的奠基者，普莱切特是艾略特理论在当代的掌门人。从严格意义上说，艾略特理论是对道氏理论精细化的尝试。在FXCM的专栏中有一位专家常常借助于艾略特波浪理论进行分析和交易，很长一段时间内还持续公布了每次交易的细节和累计绩效。但是，这位专家与绝大多数艾略特波浪理论信徒的做法不一样，最为关键的区别是他每次都会**设定一个合理的止损方案**，绝不会认为市场真的会像波浪理论预测那样发展。

道氏理论发展的早期，无论是汉密尔顿还是雷亚都认为想要对主要波动和次级折返进行定量化是愚蠢的做法，这种想法与艾略特存在很大差别。**单纯的波浪分析肯定是亏钱的最好办法，真正依靠波动理论赚钱的交易者无一例外的有两**

对于趋势交易者而言，可以下重注，但是不要赌上身家性命。这就是场外资金管理的价值。

大特点：第一，重视仓位管理和风险控制；第二，不会单纯依靠波浪理论的分析和预测。我们这一小节主要不是来介绍艾略特波浪理论有多么玄妙和神奇，真正的目的是想让大家认识到，所有对市场有过深入观察的人，以及绝大部分经典理论都观察到了"市场三重结构"这一理论。

　　艾略特波浪理论的基本结构是驱动浪和调整浪，驱动浪往往是 5 个子浪的模式，而调整浪往往是 3 个子浪的模式（见图 4-6 和图 4-7）。驱动浪与道氏理论的主要趋势运动基本上是一个事物，调整浪与道氏理论的次级折返基本上是同一事物。艾略特波浪理论其实也存在一个问题，那就是越大的时间层级上这个理论的理想结构越可能出现，也就是典型的"5-3 浪"结构。

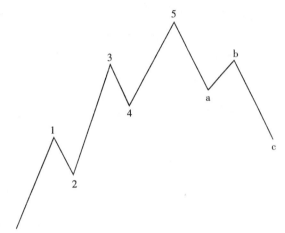

图 4-6　艾略特波浪基本结构

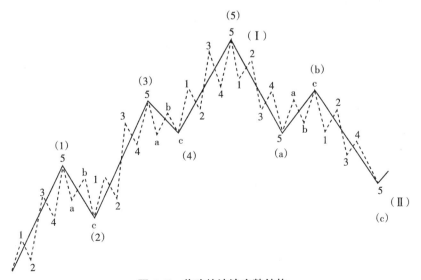

图 4-7　艾略特波浪完整结构

道氏理论对于主要趋势波动和次级折返的区分往往是从持续时间和幅度两个角度衡量，不过正如雷亚自己承认的那样，这种区分都有可能漏掉一些重要的波动，而纳入一些不重要的波动。艾略特理论在这方面可以起到一些有益的补充，因为艾略特理论的两种主要工具——形态和比率可以提供一些帮助。

不过，我们需要提醒大家的是，预测永远需要加上"止损"这一保护装置。驱动浪一般呈现5浪，而调整浪一般呈现3浪，引申到道氏理论的三重市场结构上，我们可以说**主要趋势运动波段内部往往有5浪，次级折返波动内部往往是3浪**。还需要注意的一点是，次级折返的波动幅度往往与之前的主要趋势运动波段呈现特定的比率，有些道氏理论家认为在0.38~0.62，这与艾略特波浪理论家们的分析接近，但他们的范围要更广一些，0.236~0.809都属于合理范围，最为重要的范围是0.5~0.618。

这里不得不提到0.5这个比率，现在很多期货交易者，以及部分外汇交易者对于0.5幅度的反向运动非常重视，往往在这些位置上会出现较多的进场机会（见图4-8）。这有可能是

波浪理论体现了"象"和"数"，如果能够结合驱动面，则具备了"理"。

图4-8　0.5点位

自我实现效应。

艾略特理论认为驱动浪是我们要交易的主要波动，因为驱动浪走势强劲，不容易被日内杂波震荡出场，一旦设定合理止损则可以在较少的风险承担下追逐较大的利润。驱动浪的走势较为规则，而调整浪的走势则反复性很大，无论是高抛低吸还是追涨杀跌都容易触及止损，而那些初入市场不设止损的"菜鸟"却容易在这种市况中获利，但很快就会被随之而来的驱动浪清洗出场。

如果进一步细化，艾略特波浪理论主张我们交易第 3 浪（见图 4-9），这是最强劲的单边走势，按照道氏理论来看，这也是 N 字底出现后的那段走势。在外汇交易中，我们也应该借用艾略特这一思想把握第 3 浪，也就是 N 字底向上突破后的机会。

关于这一策略可以参考《短线法宝：神奇 N 结构盘口操作法》一书，这本书虽然介绍的是股票操作策略，但是对于外汇和期货同样适用，在本书第九课我们会详细介绍外汇交易中运用 N 字结构的方法。

图 4-9　第 3 浪是主要交易波段

第三节　杰西·利弗摩尔的趋势分析

杰西·利弗摩尔作为一代投机大师经历了所有交易者由稚嫩到成熟所要走过的道路，他从最初的一个头皮客到顺势交易大师花了许多年的时间，这些宝贵的经验浓缩在了《如何进行股票交易》（一般翻译为《股票大作手操盘术》）和《股票作手回忆录》这两本书里面。《如何进行股票交易》（见图 4-10）这本书是典型的炒家写的书，用非常简短的语言表述出他的经验，不过缺乏系统性，以至于让很多读者都没有抓住这本书的精髓所在。《股票作手回忆录》是一位名叫埃德温的记者采访杰西·利弗摩尔写的传记体文学，这位记者本人并非职业的交易者，所以自己添油加醋的成分应该较少，比较忠实于利弗摩尔的口述。

HOW TO TRADE
IN STOCKS

The Livermore Formula for
Combining Time Element and Price

BY
JESSE L. LIVERMORE

图 4-10　《如何进行股票交易》的扉页

《如何进行股票交易》又被称为《股票大作手操盘术》，国内还翻译为《股票作手操盘术》等，这是杰西·利弗摩尔唯一的传世之作，这本书受到的重视程度要远小于《股票作手回忆录》。实际上，从专业交易者的角度来看，《股票作手回忆录》更多的是涉及心路历程，对于具体的交易策略涉及较少，主要介绍了交易者在面对市场的错误心理倾向以及市场对交易者的催眠效应等。但《如何进行股票交易》这本书的意义就完全不同了，这本书的重点在于利弗摩尔提出的一个实际框架，这个框架就是对趋势进行确

定的方法。《如何进行股票交易》这本书的最后三章才是精华所在，不过可惜的是绝大多数读者基本上都醉心于前面比较散乱的心得体会部分（见图4-11）。

CONTENTS

关键章节

图4-11 《如何进行股票交易》的重点章节

下面我们来具体说说《如何进行股票交易》这本书的精髓部分，这部分的内容与本课的主题密切相关，这就是市场三重结构的问题。作为一代实战大师，利弗摩尔与理论大师查尔斯·道的发现如出一辙，这不得不令人惊叹。

利弗摩尔早年的时候醉心于野鸡交易所的对赌操作，基本上靠的是刮头皮赚钱。由于操作太顺，以至于不少野鸡交易所的老板拒绝他进场买卖，于是他不得不前往纽约参与真正的交易，而这就要求他变化操作方法，以前那种方法在实际交易中很难再按照目标价位进场和出场。

在对赌交易中，单子完全按照报价成交，不存在成交不了的情况，因为这些单子根本没有被撮合，野鸡交易所的老板其实成了对手盘，因此炒家的盈亏与这些老板的盈亏相关。利弗摩尔参与正式的交易之后难以使用此前的刮头皮交易方式，他必须发展真正的交易策略。此前，他基本上痴迷于日内杂波，忙着抢进抢出，价格的动量是他唯一关心的因素。

但在真正交易中，他很难再按照目标价位进场和出场，所以刮头皮行不通了。他被迫开始延长自己的持仓时间，不过由于此前沉迷于日内走势，因此他很难把握市场的趋势。这些难题迫使他给出一个切实的解决方法。

在经历了多年的实际交易之后，利弗摩尔逐渐建立了一套类似于平衡表的东西，

他制作了一张表格，将走势分为两大类和六个层次（见图4-12）。第一类是上升的走势，第二类是下降的走势。上升走势分为趋势性上升、反弹性上升，以及小幅度上升，下降走势分为趋势性下降、回调性下降，以及小幅度下降。其实，这个分类体系与查尔斯·道的思维非常相似。

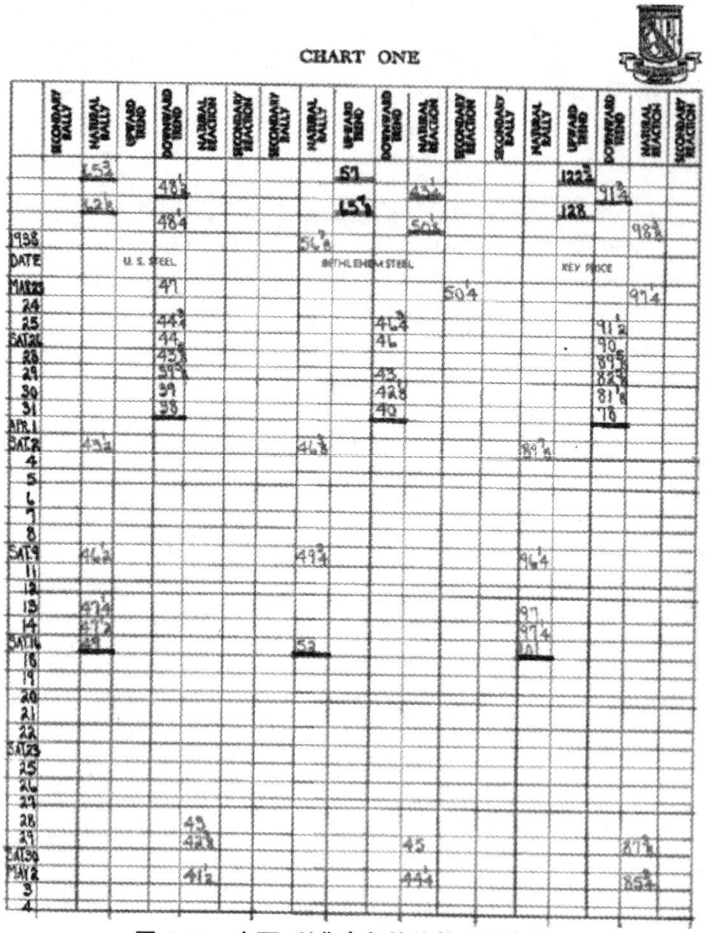

图4-12　杰西·利弗摩尔的趋势分析表格

资料来源：*How to trade in stocks.*

利弗摩尔主要通过价格波动的幅度来确定趋势。外汇市场的操作方法也有类似的思维，那就是通过汇价波动的点数来区分主要趋势和次级折返。一般而言，亚洲时段的波动都属于日内杂波，而欧洲时段的波动幅度往往构成了主要趋势。

在介绍了《如何进行股票交易》后，就不得不提及有关利弗摩尔的另外一本书，这就是我们以前提及的《股票作手回忆录》。《股票作手回忆录》提到了交易者的某些天性会导致交易者做出违背期望利润最大化的行为，这种倾向在今天的金融行为学家看来

就是所谓的 **"倾向性效应"**。什么是倾向性效应呢？那就是 "快速兑现利润，延迟兑现亏损" 的倾向，这种倾向使得交易者的平均亏损大于平均盈利，长期下来肯定是亏的。

《股票作手回忆录》谈到了与 "倾向性效应" 有关的另外一个人类心理倾向，这就是 **"回归预期"**，这对于交易者的影响是非常大的。人类倾向于认为任何事物的运动都会回归的倾向（见图 4-13），这可能是重力对人类思维的影响，钟摆运动是典型的回归性运动。这种倾向性效应在新手身上很常见，所以他们对震荡走势非常擅长，一旦市场变化为单边走势，就会爆仓。

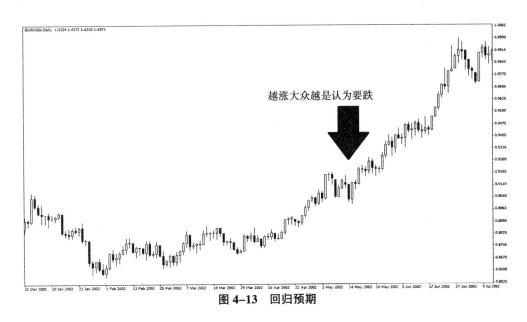

图 4-13　回归预期

真正要在市场中盈利，就必须坚持与上述两种心理倾向对抗，这就要求采纳 **跟进止损和顺势加仓** 两种核心的操作要求，而这正是杰西·利弗摩尔在接受埃德温采访时谈到的主题，这些主题被埃德温忠实地写进了《股票作手回忆录》一书中。

为什么交易者很难坚持杰西·利弗摩尔所主张的这种操作策略呢？就交易心理而言，主要是由于 "倾向性效应" 和 "回归预期"。就市场而言，主要是因为三重结构的存在，也就是市场在短期内的波动容易让交易者迷失方向，被催眠，做出非理性的交易。长期走势上的趋势性特征非常明显，但是容易为交易者所忽视。

市场在长期走势上交替出现震荡和单边两种行情类型，震荡市适合超卖超买型指标，趋势类指标这种市况中就会亏得很惨，而单边市适合趋势类指标，超卖超买指标在这种市况下就会亏得很惨。

如果交易者没有注意长期走势，就好比走入了迷宫，对这两种走势的交替浑然不

实际上，大部分震荡走势并不规则，因此震荡指标其实也并不好用。

知，就会出现所谓的"随机强化"问题，你会发现无论怎么操作都是亏损，市场步入震荡市末期，你才开始运用区间交易策略，而当市场步入单边市末期，你又转而使用突破交易策略，你始终慢市场一步。

我们在《外汇短线的 24 堂精品课：面向高级交易者》一书中谈到了市场的随机强化问题，指出市场交替走单边市和震荡市是随机强化问题产生的直接原因，至于如何规避这种随机强化，我们提到了两种主要策略：一是运用驱动分析和心理分析；二是合理采用仓位管理，前一单充足盈利才加仓。现在补充一种方法，那就是进行"跨时间分析"，站在大时间框架上观察市场，当然利用"跨空间分析"也是一种不错的选择。

震荡市只有很少的突破加仓信号。

利弗摩尔其实并不是一个纯粹的技术交易者，他也采用驱动分析和心理分析，观察宏观经济和政策的走向、战争的进程、市场参与者的心理，这些都是他关注的对象，只不过他绝不会因此自信得忽略掉价格信号和放弃止损措施。

第四节　外汇交易策略有效的前提是确定在三重结构中的位置

有不少经典的交易策略在被广泛传播的过程中往往会被错误地运用，其中最大的一个误用就是没有注意这个策略有效的前提。这个前提有可能是关乎市况的，比如市场的趋势特征，是单边走势还是震荡走势。除此之外，还有一个误用就是忽略了策略适用的市场结构。

顺势加仓和跟进止损一度被认为和证明是最为有效的交易策略，但是一旦忽视了这个策略所依赖的市场层次就会不断犯下错误。顺势加仓必须要求市场在某一方向上持续地运动，而日内杂波基本上提供不了顺势加仓的机会。

顺势加仓是建立在趋势持续性的基础上的，日内杂波要出现幅度非常大的持续性单边走势是可能性非常小的。简而言之，日内趋势性走势的稀缺性很强，而日间趋势性走势的稀缺性要弱些。

另外，日内趋势性走势的持续性要远远小于日间趋势性走势的持续性。因为顺势加仓是建立在趋势足够的持续性基础上的，所以日内行情基本上不太可能采用顺势加仓的方法。即使勉强加仓，也加不了几单，而且面临一个非常大的问题，那就是单子之间的距离太近，遇到日内市场频繁的大幅波动就容易将此前的盈利全被赔进去，这是日内加仓面临的一个非常现实的问题。所以，**日内交易中真正常见的是分散交易标的以及顺势减仓策略，这其实是日内交易中更多采用的问题。**

比如，关天豪的"5分钟动量系统"的仓位管理策略就是逐步减仓。首先建立两手单，市场出现一个小波动，带来等于初始止损幅度的利润就平掉一手单；其次让另外一手单跟进止损。这个方法的关键就在于这种分批平仓模式，如果没有这种平仓模式，估计光靠跟进止损那单往往会在震荡走势中频繁止损。

同时日内杂波的交易中单独采用跟进止损，甚至混合采用跟进止损都是非常危险的。日内杂波的波动往往短促，如果跟进止损势必回吐很大比例的利润，所以设定利润目标，也就是采用合理止盈在日内交易中是非常重要的。严格来讲，有时候采用跟进止损也是有害日内交易的，日内波动并不是严格呈现N字结构的走势（见图4-14），也就是说日内波动有时候很杂乱，除了受制于一些关键的日内水平之外，波动很难遵循低点和高点有序走高或者走低的模式，因此采用跟进止损往往会在真正丰厚盈利到来之前就被止损出场了。

日内是不是一定不能加码呢？

但是，**初始止损是必要的**，这点要搞清楚。**日内交易要谨慎对待跟进止损和顺势加仓**，这是大家在从事日内交易的时候需要明白的问题。在选择具体的交易策略时，要从日内波动这些特征出发。不要将一些适合于日线之上走势特征的

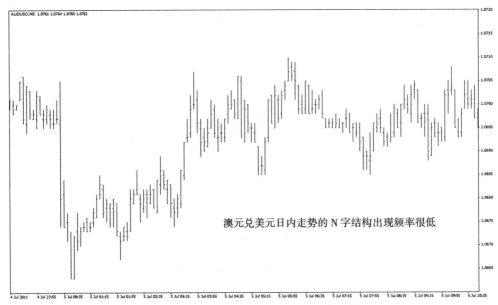

澳元兑美元日内走势的 N 字结构出现频率很低

图 4–14　日内走势中缺乏规则的 N 字结构

方法引入外汇市场的日内操作中来，这点会容易引发连续的亏损。

　　记住，日内走势中 N 字有序排列的波段是非常少的，因此最好在汇价接近重要边缘的时候介入，或者采用诸如英镑择时交易法这样的策略，但是初始止损必须设定，可以考虑采用一次建仓和分批平仓的策略。

如何确定外汇日内波动的重要边缘呢？

第五课

日内波动

道氏理论通常情况下并不关注日内波动。

——罗伯特·雷亚

对于日内波动的市场操纵是非常可能发生的。

——威廉·彼得·汉密尔顿

第一节 外汇日内波动规律

在道氏理论当中，日内波动唯一的确定性因素就是容易被操纵，因此**日内走势主要跟重量级交易者的行动有关，要寻找日内波动的规律就必须从这些交易者的行为入手**。外汇日内波动的规律主要分为时间和空间两个范畴，在这一小节我们就主要从这两个方面来介绍外汇日内波动的规律，掌握这些规律对于日内交易者而言非常有用。

江恩认为时间是第一重要因素，为什么呢？江恩本人的立论点在于天人合一的思想（见图5-1），这种思想类似于中医的五运六气学说。

时间的感知主要是建立在天体运动的基础上，而天体对自然界万事万物，乃至人世间万事万物都具有深刻的影响。江恩是一个生在西方的东方人，他的思想与东方的传统思维

> 江恩理论的两大支柱：周期和点位。

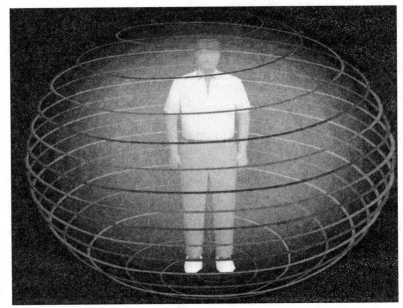

图 5-1　天人合一

非常一致。中国的传统文化中，比如四柱和奇门遁甲等，都是基于时间来预测事物的变化，而江恩的主要思维也是依据时间的变化来预测金融市场的转折点和趋势。

著名的金融预测家鲁兆指出："通过学习，我觉得波浪理论应该如大家所说的是一部伟大的著作。但是我觉得在三大要素的排列上犯了错。他把最重要的因素——时间排在第三位，而不是排在第一位。通过我自己的实践和思考，我认为时间是决定股价波动的一个最重要的因素。"

在外汇市场中，时间之所以成为重要的影响因素，最为关键的原因有两点：第一点是**主要大国的经济数据和经济事件基本上按照既定的时间表来公布**；第二点则是**外汇市场是三大中心轮流执掌的市场**，而三大中心的交易者实力是不均衡的。下面我们就从这两点来介绍外汇日内波动的时间规则。

外汇市场的日内波动基本上是受到最近最重要数据预期的影响，也就是说汇价日内波动80%是在"走预期"，剩下的部分则是对"预期之外"的因素进行公布之后的吸收。这些

预测与交易实践隔着一条鸿沟。最精彩的预测与最精彩的操作之间隔着不止一条鸿沟。

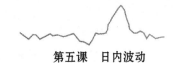

数据的公布有具体的时间表，而市场对于这些数据的预期是倾向于一致的，明白这点很重要。一般的日内交易者往往是将行情走势和数据分开来看的，这是一种错误的做法。**正确的做法应该是比照行情来观察数据预期和实际值（见图5-2），同时对照数据预期和实际值来观察行情**。数据的实际值和修正值，以及预测值的走势图能够帮助我们很好地处理当下市场对数据的预期，这一走势图可以从 www.forexfactory.com 网站获得。

比较实际值和预期值，以及修正值，但是也不能迷失在个别数据中，要对货币的宏观基本面有整体的认识，特别是央行的货币政策周期。

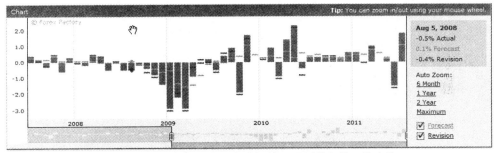

图 5-2　英国工业生产月率实际值、预测值和修正值走势

资料来源：www.forexfactory.com。

　　观察行情对数据公布的反应，观察数据预期对行情的影响，这样才是日内交易的正途。既然80%的汇价日内波动受到了最近最重要数据预期的影响，那么作为日内交易者就应该**每天清早的时候将今天及本周最为重要的数据预期值和公布值浏览一遍**（见图5-3）。过这一遍是非常重要的，这跟浏览长期走势图一样，花不了多少时间，却能够让你对市场未来的运动有一个直觉上的指引。

　　外汇日内行情除了受到最近最重要的数据预期影响之外，还受到三大交易中心作息规律和实力对比的影响。**欧洲特别是伦敦是全球规模最大的外汇交易中心**（见图5-4），因此，当外汇市场轮到欧洲执掌的时候，就容易出现较大的波动，而且也敢于发动较大的波动，当然它们也有能力推动行情去触发邻近的止损单。

事件	风险	前值	预期	结果
07:50 日本5月经常账季调后	低	5463亿日元	3060亿日元	
07:50 日本5月贸易账 财务省	中	-4175亿日元	-7640亿日元	
07:50 日本5月经常账未季调	低	4056亿日元	3880亿日元	
13:00 日本6月经济观察家现况指数	中	36	40	
13:00 日本6月经济观察家前景指数	中	44.9	—	
13:45 瑞士6月失业率季调后	低	3.0%	3.0%	
13:45 瑞士6月失业率未季调	低	2.9%	2.8%	
14:00 德国5月经常账	中	88亿欧元	70亿欧元	
14:00 德国5月贸易账季调后	中	120亿欧元	122亿欧元	
14:00 德国5月贸易账未季调	低	109亿欧元	—	
14:45 法国5月政府预算	低	-613.5亿欧元	—	
16:00 意大利5月工业产出月率	低	1.0%	-0.1%	
16:00 意大利5月工业产出年率	低	-0.1%	—	
16:30 英国6月核心生产者输出物价指数年率	中	3.4%	3.3%	
16:30 英国6月核心生产者输出物价指数月率	低	0.2%	0.2%	
16:30 英国6月生产者输出物价指数年率	中	5.3%	5.5%	
16:30 英国6月生产者输出物价指数月率	低	0.2%	0.1%	
16:30 英国6月生产者输入物价指数年率	中	15.7%	16.1%	
16:30 英国6月生产者输入物价指数月率	低	-2.0%	-0.1%	
19:00 加拿大6月就业人数变化	中	2.23万	1.00万	
19:00 加拿大6月就业参与率	低	66.8%	—	
19:00 加拿大6月失业率	高	7.4%	7.4%	

图5-3 外汇网站提供的经济数据

资料来源：www.huidafx.com。

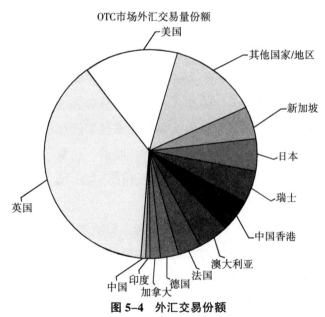

图5-4 外汇交易份额

资料来源：www.forex.com.cn。

外汇日内波动的规律一般按照所谓的亚洲时段、欧洲时段和美洲时段来划分，有时候加上澳洲时段，最后这个时段是非常清淡的，好比美国股市的电子盘一样。但是

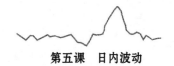

在风险事件影响下却会出现波澜壮阔的延续性走势，比如次贷危机期间，这种情况下交易员估计也在加班。因为当时全球处于危机时，重要消息层出不穷，所以一般的作息规律就被打破了，日内走势的格局也就发生了变化。

在风险厌恶并不是很强的时候，或者说在风险喜好占据主导的时候，外汇市场的欧洲时段波动最大，美洲时段次之，亚洲时段波动最小，当然日本重要数据公布时的亚洲时段日币波动是较大的。在风险厌恶情绪高涨的市况下，日内时段的波动幅度就没有伯仲之分，欧美的交易员可能很早就起来推动行情了，因为不断有新的重要信息输入市场，因此需要重新配置资产，自然就会引发市场的异常波动。

下面简单总结一下各时段的波动规律。第一段时间是北京时间 5:00~14:00，行情清淡，这主要是由于亚洲市场的推动力量较小所为，一般震荡幅度在 30 点以内，没有明显的方向，多为调整和回调行情。一般与当天的方向走势相反，比如若当天走势上涨则这段时间多为小幅震荡的下跌。

第二段时间是北京时间 14:00~18:00 为欧洲上午市场，15：00 后一般有一次行情，此时段也会伴随着一些对欧洲货币有影响力的数据的公布。该时段的一般震荡幅度在 40~80 点。这一段时间一般会在 15：30 后开始真正的行情，此次行情的一半多会伴随着背离和突破等技术指标，所以是一段比较好抓的机会。

第三段时间是北京时间 18:00~20:00 为欧洲的中午休息和美洲市场的清晨，较为清淡。这段时间是欧洲的午休时间，也是等待美国开始的前夕。

第四段时间是北京时间 20:00~24:00 为欧洲市场的下午盘和美洲市场的上午盘。这段时间是行情波动最大的时候，也是资金量和参与人数最多的时段。一般为 80 点以上的行情。

第五段时间是北京时间 24:00 后到清晨，为美国的下午盘，一般此时已经走出了较大的行情，这段时间多为对前面行情的技术调整。

真正的大行情要么与货币政策重大转变有关，要么与主要经济体的危机有关。

从欧元兑美元的日内波动规律可以发现上述规律（其中北京时间=GMT+8），如图 5-5 所示。

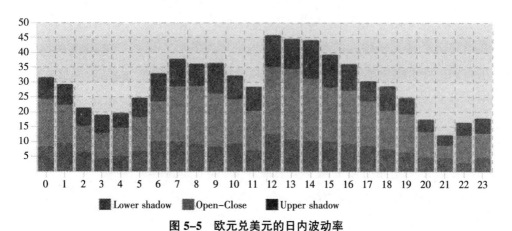

图 5-5　欧元兑美元的日内波动率

资料来源：Mataf.net。

除了上面这两条日内波动时间规律之外，还有第三条时间规律补充一下，那就是**外汇日内波动的转折点容易出现在北京时间 21：00~23：00**。在《外汇狙击手：短线制胜的十五张王牌》这本书的末尾部分提到过这一规律，大家可以自己统计一下，这对于日内交易也具有十分重要的指导意义，因为出场点的选择对于日内交易者而言是一个难题。从日内波动的幅度不容易把握出场点，但是从时间的角度就比较容易把握出场点了。

上面是外汇日内波动的时间规律，我们接着介绍一下外汇日内波动的空间规律。**空间规律主要有下面两条：第一条是轴心点系统提供的日内关键水平**（见图 5-6），主要是 R 类和 S 类的水平需要注意。因为日内短线交易者，特别是场内交易者往往喜欢采用这套方法，现在国外也有不少这方面的书，讲的就是结合轴心点和蜡烛图做短线。由于这种方法被职业交易员广泛采用，所以这些阻力支撑线变得非常有效，对日内波动形成了显著的制约。**第二条是整数价位**（见图 5-7），具体讲是 50 和 00 结尾的汇率价位，比如 1.5500 水平，

潜在的支撑和阻力不少，要确认实际有效的支撑和阻力还需要借助于价格形态和成交量。

14550 水平、1.2000 水平、98.00 水平等。无论是买方金融机构还是卖方金融机构它们的买卖计划和挂单大多倾向于 00 和 50 这些水平。

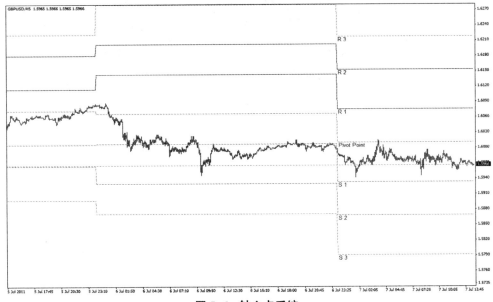

图 5-6　轴心点系统

图 5-7　整数价位

为什么会这样呢？其实，这就好比所谓的日历效应一样，大家在设定计划的时候一般都倾向于在一个容易记忆的日期上展开，比如公历 1 月 1 日、农历正月初一，或

是星期一等。同样在设定进出场价位的时候，也会采用 50 价位和 00 价位这样较容易记忆的价位。这就使这类整数价位容易成为日内波动的高点和低点。

有了上面五条日内波动规律我们就能够更好地把握日内交易，当然每个人运用这些规律的方法存在差别，但是这并不影响我们根据个人的需要去运用这些规律。

第二节　汉斯方法的基础

汉斯方法基本上是建立在第一节我们介绍的时间规律第一条的基础上，这种方法基本上与英镑择时交易法类似，目的是跟随日内主力交易者的行动方向，但是随着采用这个方法的人的增加，这个方法可能需要一些参数改变才能保持效率。

国际上著名的趋势突破系统汉斯策略引起了广泛的关注，并已经发展更新了多种版本。当初也引起了国人的关注，但草草研究的结果认为，程序跑不通或者亏损就把它盖棺定论枪毙了。但是，国外仍然持续研究发展它，版本从 v1.0 到 v9.0，测试报告也从几个月到几年，甚至有从 1999 年开始至今的测试报告。

汉斯交易系统专门用于欧元兑美元以及英镑兑美元的日内交易，每个货币基本上有两次交易，分别处于两个时区波幅突破之后。具体的汉斯交易系统规则如下：

（1）进场规则。

每日 17 点，找到英镑兑美元和欧元兑美元今日 13 点到 17 点的最高价和最低价，下单 Buy Stop 和 Sell Stop；每日 21 点，找到英镑兑美元和欧兑美元今日 17 点到 21 点的最高价和最低价，下单 Buy Stop 和 Sell Stop。其中 Buy Stop = 最高价 + 5 点，Sell Stop = 最低价 - 5 点。

> 突破当天有相关重要数据公布是非常重要的一种过滤手段，有一位来自美国康州的越南裔交易者擅长如此操作。他融合了汉斯策略与事件驱动策略。

（2）出场规则。

EUR/USD 的出场：止盈 = Buy Stop + 80，止损 = Buy Stop − 50；止盈 = Sell Stop − 80；止损 = Sell Stop + 50；有 30 点浮动利润时将止损移至开仓价位。

GBP/USD 的出场：止盈 = Buy Stop + 120；止损 = Buy Stop − 70；止盈 = Sell Stop − 120，止损 = Sell Stop + 70；有 40 点浮动利润时将止损移至开仓价位。

（3）辅助规则。

每日早上 7 点，平掉手上所有单子；如果交易者已经在某个方向上建立起了相应的头寸，并处于持仓过程中，但汇价却突破了另外一边，这时候你就应该平仓并反向建仓。当你最初持仓的止损处于区间内，则汇价会先触及止损再突破另外一边；当你最初持仓的止损处于区间之外，则汇价会先触及另外一边，这时候就不用等到止损触及了，应该在触及另外一边的时候就平掉最初的仓位并建立起相反的头寸。

汉斯策略最初是由 Hans Van Der Helm 开发出来的，现在得到了欧美外汇界的高度关注，并不断有新的版本公布，其绩效不断上升，我们这里将其中一个版本的 MQL 源码给出，你可以自行研究，我们的下载网站也会提供某些版本的汉斯指标和智能交易系统供你使用。

下面第一个源码是汉斯智能交易（EA）指标系统，第二个源码是汉斯指标系统，指标系统需要肉眼观察和判断，智能交易系统则可以自动交易，不过后者不能完全遵照系统最初设计的原意。

```
//+------------------------------------------------------------------+
//|  Hans123MV22 |
//|  Copyright ? 2009，Dina |
//|
|
//+------------------------------------------------------------------+
#property copyright" Copyright ? 2009，Dina"

//----input parameters
extern int        Start1=10;          //begin of the first session;
adjust by your broker
```

```
extern int      Start2=14;          //begin of the second session
extern int      EOD=24;             //for closing orders at end of day
extern int      FridayClosing=23;   //broker friday closing time
extern bool     FirstSessionOnly=0; //if it equals 1, it trades the first range only
(for testing)
extern int      Length=4;           //length of range for determining high/low
extern int      Pips=5;             //trigger above/bellow range
extern int      StopLoss=50;
extern int      BreakEven=30;
extern int      TrailingStop=0;     //if equals 0, it uses breakeven
extern int      TakeProfit=80;
extern double   Lots=1;


//+-----------------------------------------------------------+
//| expert start function                                     |
//+-----------------------------------------------------------+
int start ()
  {
  //----
  int i, Ticket, MN;


  //Normalize times
  if (EOD==24) EOD=0;
  if (FridayClosing==0) FridayClosing=24;


  //Setup comment
  string Text= "Hans123" +Symbol ();


  //Setup orders
```

```
if (Hour () ==Start1 && Minute () <10) {
  MN=1;
  SetOrders (Text, MN);
}

if (Hour () ==Start2 && Minute () <10 && FirstSessionOnly==0) {
  MN=2;
  SetOrders (Text, MN);
}


//Manage opened orders
for (i=0; i<OrdersTotal (); i++) {
  OrderSelect (i, SELECT_BY_POS, MODE_TRADES);
  if (OrderComment () ==Text) {
    //close open positions at EOD
    if (Hour () ==EOD || (DayOfWeek () >=5 && Hour () ==ridayClosing-1
        && Minute () >=50) ) {
      switch (OrderType () ) {
        case OP_BUY:
    OrderClose (OrderTicket (), OrderLots (), Bid, 3, Red);
        break;
        case OP_SELL:
    OrderClose (OrderTicket (), OrderLots (), Ask, 3, Red);
        break;
        default: OrderDelete (OrderTicket ());
        break;
      }
      Sleep (10000);
    }
    else {
      //move at BE if profit>BE
      if (TrailingStop==0) {
```

```
                    if (OrderType () ==OP_BUY) {
                        if ( High [ 0 ] -OrderOpenPrice ()  >=BreakEven * Point &&
    OrderStopLoss () <OrderOpenPrice ()) {
    OrderModify (OrderTicket (), OrderOpenPrice (), OrderOpenPrice (), OrderTake
    Profit (), 0, Green);
                            Sleep (10000);
                        }
                    }
                    if (OrderType () ==OP_SELL) {
                        if ( OrderOpenPrice () -Lo w [ 0 ] > =BreakEven * Point &&
    OrderStopLoss () >OrderOpenPrice ()) {

    OrderModify (OrderTicket (), OrderOpenPrice (), OrderOpenPrice (), OrderTakeProfit
    (), 0, Green);
                            Sleep (10000);
                        }
                    }
                }
                //use trailing stop
                else {
                    if (OrderType () ==OP_BUY) {
                        if (High [0] - OrderStopLoss () >TrailingStop * Point) {

    OrderModify (OrderTicket (), OrderOpenPrice (), High [0]-TrailingStop * Point,
    OrderTakeProfit (), 0, Green);
                            Sleep (10000);
                        }
                    }
                    if (OrderType () ==OP_SELL) {
                        if (OrderStopLoss () -Low [0] >TrailingStop * Point) {
```

```
OrderModify (OrderTicket (), OrderOpenPrice (), Low [0] + TrailingStop * Point,
OrderTakeProfit (), 0, Green);
                    Sleep (10000);
                 }
              }
           }
        }
     }
  }


  return (0);
  }
//+----------------------------------------------------------
+
void SetOrders (string Text, int MN) {
    int i, Ticket, Bought, Sold;
    double EntryLong, EntryShort, SLLong, SLShort, TPLong, TPShort;


    //Determine range
    EntryLong
=iHigh (NULL, 60, Highest (NULL, 60, MODE_HIGH, Length, 1)) + (Pips/ * +
MarketInfo (Symbol (), MODE_SPREAD) */) * Point;
    EntryShort = iLow (NULL, 60, Lowest (NULL, 60, MODE_LOW, Length,
1)) -Pips*Point;
    SLLong    = MathMax (EntryLong-StopLoss * Point, EntryShort);
    SLShort   = MathMin (EntryShort+StopLoss * Point, EntryLong);
    TPLong    = EntryLong+TakeProfit * Point;
    TPShort   = EntryShort-TakeProfit * Point;


    //Send orders
```

```
for (i=0; i<OrdersTotal (); i++){
    OrderSelect (i, SELECT_BY_POS, MODE_TRADES);
    if (OrderComment () ==Text && OrderMagicNumber () ==MN){
        if (OrderType () ==OP_BUYSTOP || OrderType () ==OP_BUY) Bought++;
        if (OrderType () ==OP_SELLSTOP || OrderType () ==OP_SELL) Sold++;
    }
}

if (Bought==0) { //no buy order

Ticket=OrderSend (Symbol (), OP_BUYSTOP, Lots, EntryLong, 3, SLLong, TPLong,
Text, MN, 0, Blue);
        if (Ticket<0 && High [0] >=EntryLong)

Ticket =OrderSend (Symbol (), OP_BUY, Lots, Ask, 3, SLLong, TPLong, Text,
        MN, 0, Blue);
        Sleep (10000);
    }
    if (Sold==0)   { //no sell order

Ticket=OrderSend (Symbol (), OP_SELLSTOP, Lots, EntryShort, 3, SLShort, TPShort,
Text, MN, 0, Magenta);
        if (Ticket<0 && Low [0] <=EntryShort)
Ticket=OrderSend (Symbol (), OP_SELL, Lots, Bid, 3, SLShort, TPShort, Text, MN,
0, Magenta);
        Sleep (10000);
    }
    //Check orders
    for (i=0; i<OrdersTotal (); i++){
        OrderSelect (i, SELECT_BY_POS, MODE_TRADES);
        if (OrderComment () ==Text && OrderMagicNumber () ==MN){
            if (OrderType () ==OP_BUYSTOP &&
```

```
(MathAbs (OrderOpenPrice () -EntryLong) >Point
          ||          MathAbs (OrderStopLoss () -SLLong) >Point          ||
MathAbs (OrderTakeProfit () -TPLong) >Point))
OrderModify (OrderTicket (), EntryLong, SLLong, TPLong, 0, Blue);
          if (OrderType () ==OP_SELLSTOP &&
(MathAbs (OrderOpenPrice () -EntryShort) >Point
          ||          MathAbs (OrderStopLoss () -SLShort) >Point          ||
MathAbs (OrderTakeProfit () -TPShort) >Point))
OrderModify (OrderTicket (), EntryShort, SLShort, TPShort, 0, Magenta);
     }
   }
}
```

　　下面是汉斯 123 交易系统的指标源码，也适用于 Metatrader 4.0 交易平台，这是一个全球广泛使用的交易平台，关于该平台的使用方法可以参看《5 分钟动量交易系统》或者是《外汇交易进阶》等书，也可以登录这个软件的官方网站免费下载使用手册。

```
//+--------------------------------------------------------+
//|                  Hans Breakout.mq4                     |
//|                  Copyright 2009 Dina                   |
//+--------------------------------------------------------+
#property copyright " 520fx.com"
#property link "http：//www.520fx.com"

#property indicator_chart_window
#property indicator_buffers 4
#property indicator_color1 Red
#property indicator_color2 Blue
#property indicator_color3 Red
#property indicator_color4 Blue
```

```
extern int        Breakout_Pips = 5;
extern int        Exit_Hour = 23;
extern int        From_Hour_1 = 6;
extern int        From_Minute_1 = 0;
extern int        To_Hour_1 = 9;
extern int        To_Minute_1 = 59;
extern int        From_Hour_2 = 10;
extern int        From_Minute_2 = 0;
extern int        To_Hour_2 = 13;
extern int        To_Minute_2 = 59;
extern int        Bars_Count = 10000;
//---- buffers
double v1 [];
double v2 [];
double v3 [];
double v4 [];


int init ()
  {

  IndicatorBuffers (4);

  SetIndexArrow (0, 159);
  SetIndexStyle (0, DRAW_ARROW, STYLE_SOLID, 1, Red);
  SetIndexDrawBegin (0, -1);
  SetIndexBuffer (0, v1);
  SetIndexLabel (0, " High1");

  SetIndexArrow (1, 159);
  SetIndexStyle (1, DRAW_ARROW, STYLE_SOLID, 1, Blue);
  SetIndexDrawBegin (1, -1);
```

```
SetIndexBuffer (1, v2);
SetIndexLabel (1, "Low1");


SetIndexArrow (2, 159);
SetIndexStyle (2, DRAW_ARROW, STYLE_SOLID, 1, Red);
SetIndexDrawBegin (2, -1);
SetIndexBuffer (2, v3);
SetIndexLabel (2, "High2");
SetIndexArrow (3, 159);
SetIndexStyle (3, DRAW_ARROW, STYLE_SOLID, 1, Blue);
SetIndexDrawBegin (3, -1);
SetIndexBuffer (3, v4);
SetIndexLabel (3, "Low2");


watermark ();


return (0);
}
int start ()
{
int i;
int shift;
double price;
datetime calculated1, calculated2;
double pipsBreakout = Breakout_Pips * Point;
i = Bars_Count;
while (i>=0)
{
// High/Low 1
datetime today = StripTime (Time [i]);
int nowMins = TimeHour (Time [i]) *60 + TimeMinute (Time [i]);
```

```
    if (calculated1 < today && nowMins >  (To_Hour_1 * 60)  + To_Minute_1)
     {
        calculated1 = today;
        double highest1 = High [GetHighest (Symbol (), Period (), MODE_HIGH,
Time[i], From_Hour_1, From_Minute_1, To_Hour_1, To_Minute_1)];
         double lowest1 = Low [GetLowest (Symbol (), Period (), MODE_LOW,
Time[i], From_Hour_1, From_Minute_1, To_Hour_1, To_Minute_1)];
     }
    if (calculated1 == today && nowMins < Exit_Hour * 60)
     {
      v1 [i] = highest1 + pipsBreakout;
      v2 [i] = lowest1 - pipsBreakout;
     }


    // High/Low 2
    if (calculated2 < today && nowMins > (To_Hour_2 * 60) + To_Minute_2)
     {
      calculated2 = today;
      double highest2 = High [GetHighest (Symbol (), Period (), MODE_HIGH,
Time [i], From_Hour_2, From_Minute_2, To_Hour_2, To_Minute_2)];
      double lowest2 = Low [GetLowest (Symbol (), Period (), MODE_LOW, Time
[i], From_Hour_2, From_Minute_2, To_Hour_2, To_Minute_2)];
     }
    if (calculated2 == today && nowMins < Exit_Hour * 60)
     {
      v3 [i] = highest2 + pipsBreakout;
      v4 [i] = lowest2 - pipsBreakout;
     }

       i--;
     }
```

```
   return （0）;
}


//+----------------------------------------------------------
+

datetime StripTime （datetime dt）
{
   return (dt- (TimeHour( dt )* 3600)- (TimeMinute( dt ) * 60) -TimeSeconds （dt）);
}


//+----------------------------------------------------------
+
// | Get highest/lowest bar between a time period.                      |
//+----------------------------------------------------------
+
int GetHighest （string symbol，int timeframe，int price_mode，datetime date，int
from_hour，int from_minute，int to_hour，int to_minute)
{
   date = StripTime （date）;
   datetime from_time = date + (from_hour * 3600) + (from_minute * 60);
   datetime to_time = date + (to_hour * 3600) + (to_minute * 60);
   int from_bar = iBarShift （symbol，timeframe，from_time，false）;
   int to_bar = iBarShift （symbol，timeframe，to_time，false）;
   int hh = Highest （symbol，timeframe，price_mode，from_bar - to_bar+1，to_bar）;
   return （hh）;
}


int GetLowest （string symbol，int timeframe，int price_mode，datetime date，int
from_hour，int from_minute，int to_hour，int to_minute)
{
```

```
date = StripTime（date）；
datetime from_time = date +（from_hour * 3600）+
（from_minute * 60）；
datetime to_time = date +（to_hour * 3600）+（to_minute
* 60）；
int from_bar = iBarShift（symbol，timeframe，from_time，
false）；
int to_bar = iBarShift（symbol，timeframe，to_time，
false）；
int 11 = Lowest（symbol，timeframe，price_mode，
from_bar - to_bar + 1，to_bar）；
return（11）；
  }


void watermark（）
  {
ObjectCreate（"Dina"，OBJ_LABEL，0，0，0）；
ObjectSetText（"Dina"，"www.520fx.com"，15，"Times
New Roman"，Yellow）；
ObjectSet（"Dina"，OBJPROP_CORNER，2）；
ObjectSet（"Dina"，OBJPROP_XDISTANCE，5）；
ObjectSet（"Dina"，OBJPROP_YDISTANCE，10）；
return（0）。
```

汉斯方法建立的基础就是跟随主力的作息规律，明白这点非常重要。主力与单边走势相关、散户与震荡走势相关，日内的震荡区间往往表明行情处于散户阶段，"Big Man"还没有入场，一旦形成区间突破往往意味着主力开始行动。外汇市场上的主力活动具有明显的作息规律，一是欧洲市场，二是美国早盘，明白这两点就不难明白汉斯方法有效的原因了。同时，大家发现汉斯这类日内交易法与趋势跟踪交易法的区别了吗？这类日内交易法基本上不会加仓，而且惯于采

如果能够加上简单的驱动分析，那么外汇交易的绩效将显著进步。

用时间出场法，这是我们在学习本课内容需要注意的一点。

第三节 英镑择时交易法的基础

英镑择时交易法，这个方法是 Kristian Kerr 最早正式阐释的，著名外汇分析师 Kathy Lien 对这个交易法进行了介绍，但其文字存在模糊和不准确的地方，我们忠实于 Kerr 对这个方法的介绍。

英镑择时交易法是专门针对英镑兑美元在日内的一个运动方向的特别交易方法。这次运动发生在法兰克福和伦敦开盘后第一个小时内。这个方法最初是设计用于英镑兑美元的，随着我们的不断实践发现其中的原理也适合其他主要汇率，许多直盘货币对存在类似的日内价格结构。

由于伦敦市场之外的英镑兑美元交易量非常小，所以伦敦时段的交易给它一个较真实的运动方向。但是其他的货币，比如美元兑日元由于在所有时段都有较多的交易，所以没有明显的开盘和收盘。

现在我们给出英镑择时交易法的规则，这些规则对一个做空交易而言反转后可以用于一个做多交易，注意：这种方法只用于英镑兑美元交易。

● 在法兰克福和伦敦交易时段于美国东部时间 1 点开始后，英镑兑美元跌破此时段开盘价的至少 25 点；

● 然后英镑兑美元回升超过此时段开盘价 25 点；

● 接着英镑兑美元再次下跌，并跌破首次下跌形成的区间低点；

● 在跌破该低点超过 7 点以上时入场做空；

● 一旦空单成交，在进场点上设定不超过 40 点的保护性止损；

● 当市场进一步下跌到止损位置的距离后，平调一半仓位，使用追进止损保护剩下的仓位。

正如前面提到的在欧洲交易时段之外，英镑兑美元的交易非常少，绝大部分这个货币对的交易是通过英国伦敦金融城（见图 5-8）和欧洲大陆的交易商完成的。这使得这些交易商对于英镑兑美元的实际供求信息非常了解，他们利用掌握的止损设置情况在开盘后先触发止损，然后再向真实的方向运动，而这个方向正是我们需要抓住的，所以才设计了这个有针对性的交易策略。这个交易策略与标准普尔 500 指数期货的交

易策略类似，都是为了抓住开盘后的真正趋势方向。

英镑择时交易策略这个方法基本上是为了捕捉伦敦交易员对英镑兑美元的操纵而设计的，而汉斯交易法则是针对欧元兑美元和英镑兑美元设计的，这说明不同货币对之间还是存在差异性的。

图5-8　伦敦金融城

第四节　震荡指标、轴心点系统和整数框架

震荡指标在日内交易中的作用非常广泛，为什么会这样呢？**在无重大消息公布前后的时段中，汇价基本上维持均衡运行态势**，而这种情况下日内汇价波动往往呈现钟摆一样的形式，这种情况下震荡指标就变得非常有用了。震荡指标可以帮助我们把握日内交易的进场时机，但必须设定严格的止损，这样才能避免强劲单边突破降临带来的大额亏损。

在日间走势上，汇价更倾向于单边运动，在日内走势上，汇价更倾向于震荡运动，这需要交易者做出一个重要的区分。震荡指标的形式很多，有 RSI（见图5-9）、Stochastic Oscillator（见图5-10）、KDJ（见图5-11）、Demarker（见图5-12）等，它们往往分为"超卖"和"超买"，以及"合理"三个区域。

图 5-9　震荡指标——RSI

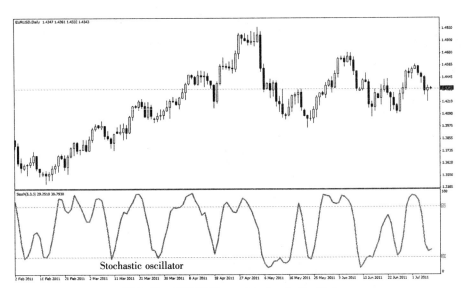

图 5-10　震荡指标——Stochastic Oscillator

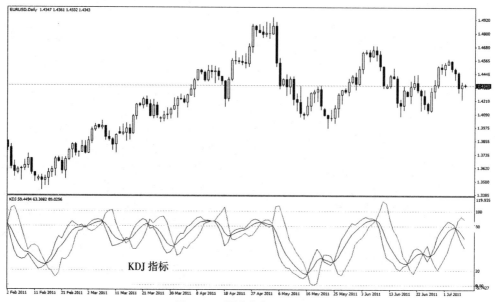

图 5-11　震荡指标——KDJ

图 5-12　震荡指标——Demarker

　　这类指标的钝化是一个比较难以应付的问题。解决的办法是除非指标从超买区域向下进入合理区域，否则不做空（见图 5-13）；相应的则是从超卖区域向上进入合理区域，否则不做多（见图 5-14）。

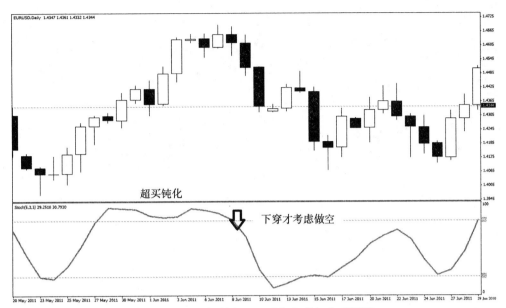

图 5-13　指标从超买区域向下进入合理区域

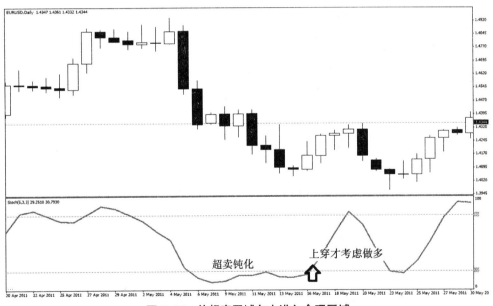

图 5-14　从超卖区域向上进入合理区域

技术指标的相互过滤是比较常见的，你尝试过利用心理指标或者基本面指标过滤技术信号吗？

你也可以结合 K 线形态来过滤 K 线信号，比如如果震荡指标超买对应着 K 线的"黄昏之星"（见图 5-15），那么做空的把握就增加了不少；如果震荡指标超卖对应着 K 线的"早晨之星"（见图 5-16），那么做多的把握也就增加了很多。

顺势而为：外汇交易中的道氏理论

图 5-15   震荡指标超买对应着 K 线的"黄昏之星"

图 5-16   震荡指标超卖对应着 K 线的"早晨之星"

　　分析日内波动时关注震荡指标的表现可以帮助交易者更好地把握进场点和出场点，加上 K 线的反转形态则效果更好。但是，这些还不够，我们还需要加入一些其他的要素，这就是我们在本课开始时提到的轴心点（Pivot Point）系统和整数框架，这两个要件主力是在进场和出场时常常用到的工具，我们把这两个要件和震荡指标结合起来使

100

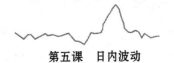

用就能够获得很高的胜算率和风险报酬率。

轴心点往往被用作预测价格的一种技术参数（见图 5-17）。虽然一本完全的交易书包括许多数学方程与技术指标，例如黄金分割、均线、抛物线等，但轴心点仍然是一种重要的常用金融市场分析方法。

前日的高点和低点，以及前一周的高点和低点其实也是非常重要的日内交易参照点位。

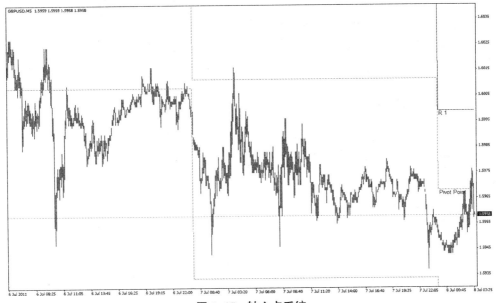

图 5-17　轴心点系统

轴心点的计算有多种形式，最常用的一种形式使用 5 个关键点，包括轴心点、Support 1（支撑点 1）、Resistance 1（阻力点 1）、Support 2（支撑点 2）、Resistance 2（阻力点 2）。甚至可以使用更多的支撑点和阻力点，例如 Support 3（支撑点 3）和 Resistance 3（阻力点 3）。

P（Pivot Point）＝［H（最高价）＋L（低）＋C（收盘价）］/ 3

R1（阻力点 1）＝P（轴心点）×2－L（最低价）

S1（支撑点 1）＝P（轴心点）×2－H（最高价）

R2（阻力点 2）＝P（轴心点）＋［H（最高价）－L（最低价）］

S2（支撑点 2）＝P（轴心点）－［H（最高价）－L（最低价）］

R3（阻力点 3）= H（最高价）+ 2 × [P（轴心点）- L（最低价）]

S3（支撑点 3）= L（最低价）- 2 × [H（最高价）- P（轴心点）]

其中，S 代表支撑点，R 代表阻力点，P 代表轴心点（Pivot Point），H 代表前一周期的最高价，L 代表前一周期的最低价，C 代表前一周期的收盘价。如果价格整个交易日都在 R1-S1 的区域内移动（见图 5-18），你认为这个市场中的交易者是谁？是长线投资者还是大主力？肯定都不是，是那些短线交易者，包括个人投资人、小基金等。

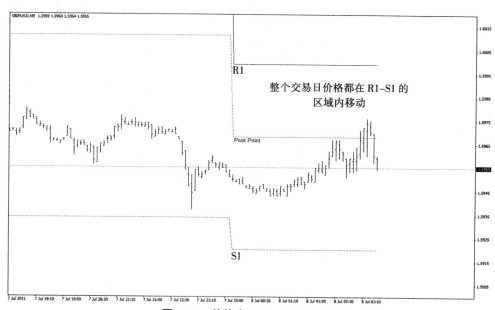

图 5-18　价格在 R1-S1 之间波动

等到了 R2-R1 到 S2-S1 区域（见图 5-19），大的炒家就出现了，大基金开始出手，注意，这个时候就是在"行情"中了，也许是一个行情的开始，也许是一个行情的继续。这个阶段中你要做的就是找个好位置入场，跟随趋势。但是问题出现了，到了这个区域之后，往往是好的入场价格已经过去了，那怎么办？我也不知道，行情这个东西，只有你身处其中的时候才能有对策，市场是变的，而你我能做的只有应"变"。

仓位管理其实就是最后的应变之策。

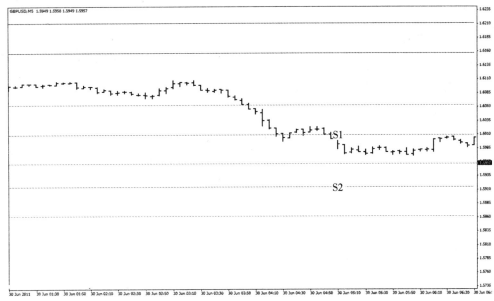

图 5-19　价格在 S2-S1 之间波动

价格运行到 S3 之下 R3 之上时意味着会有一个强烈的变动趋势，它们被称为极端价格，意思就是在极端的情况下才能发生。这时候的参与者就远远不是几只基金，几个投资人能做到的了，也许是央行，也许是索罗斯，但不论是谁，后面的事情就太难说了，用技术分析工具根本就无法奏效。这个时候最好避开，有胆的就跟着感觉走吧。

手工计算轴心点数据是非常麻烦的，有些网站提供了相应的计算数据，比如 Mataf. net，同时我们也在下面提供了一个在 Metatrader 4.0 上使用比较广泛的轴心点源代码：

```
#property indicator_chart_window
//#property indicator_separate_window
#property indicator_buffers 7
#property indicator_color1 Orange
#property indicator_color2 DarkBlue
#property indicator_color3 Maroon
#property indicator_color4 DarkBlue
#property indicator_color5 Maroon
#property indicator_color6 Green
#property indicator_color7 Green
//---- input parameters
```

```
//---- buffers
double PBuffer [];
double S1Buffer [];
double R1Buffer [];
double S2Buffer [];
double R2Buffer [];
double S3Buffer [];
double R3Buffer [];
string Pivot = "Pivot Point", Sup1 = "S1", Res1 = "R1";
string Sup2 = "S2", Res2 = "R2", Sup3 = "S3", Res3 = "R3";
int fontsize = 10;
double P, S1, R1, S2, R2, S3, R3;
double LastHigh, LastLow, x;


//+-----------------------------------------------------+
//| Custor indicator deinitialization function          |
//+-----------------------------------------------------+
int deinit ()
   {
//---- TODO: add your code here

   ObjectDelete ("Pivot");
   ObjectDelete ("Sup1");
   ObjectDelete ("Res1");
   ObjectDelete ("Sup2");
   ObjectDelete ("Res2");
   ObjectDelete ("Sup3");
   ObjectDelete ("Res3");
```

```
//----
   return (0);
   }
//+--------------------------------------------------------------+
//| Custom indicator initialization function                     |
//+--------------------------------------------------------------+
int init ()
   {
   string short_name;

//----indicator line
   SetIndexStyle (0, DRAW_LINE, 0, 2, Orange);
   SetIndexStyle (1, DRAW_LINE, 0, 2, DarkBlue);
   SetIndexStyle (2, DRAW_LINE, 0, 2, Maroon);
   SetIndexStyle (3, DRAW_LINE, 0, 2, DarkBlue);
   SetIndexStyle (4, DRAW_LINE, 0, 2, Maroon);
   SetIndexStyle (5, DRAW_LINE, 0, 2, Green);
   SetIndexStyle (6, DRAW_LINE, 0, 2, Green);
   SetIndexBuffer (0, PBuffer);
   SetIndexBuffer (1, S1Buffer);
   SetIndexBuffer (2, R1Buffer);
   SetIndexBuffer (3, S2Buffer);
   SetIndexBuffer (4, R2Buffer);
   SetIndexBuffer (5, S3Buffer);
   SetIndexBuffer (6, R3Buffer);

//---- name for DataWindow and indicator subwindow label
   short_name= "Pivot Point";
   IndicatorShortName (short_name);
```

105

```
    SetIndexLabel (0, short_name);
//----
    SetIndexDrawBegin (0, 1);
//----
//----
    return (0);
    }


//+------------------------------------------------------------
+
//|  Custom   indicator   iteration   function
|
//+------------------------------------------------------------
+
int start ()

    {
    int   counted_bars=IndicatorCounted ();

    int limit, i;
//----indicator calculation
if (counted_bars==0)
    {
    x=Period ();
    if (x>240) return (-1);
    ObjectCreate ("Pivot", OBJ_TEXT, 0, 0, 0);
    ObjectSetText ("Pivot",          "Pivot Point", fontsize, "Arial", Red);
    ObjectCreate ("Sup1", OBJ_TEXT, 0, 0, 0);
    ObjectSetText ("Sup1",           "S1", fontsize, "Arial", Red);
    ObjectCreate ("Res1", OBJ_TEXT, 0, 0, 0);
    ObjectSetText ("Res1",           "R1", fontsize, "Arial", Red);
```

```
ObjectCreate ("Sup2", OBJ_TEXT, 0, 0, 0);
ObjectSetText ("Sup2",            "S2", fontsize, "Arial", Red);
ObjectCreate ("Res2", OBJ_TEXT, 0, 0, 0);
ObjectSetText ("Res2",            "R2", fontsize, "Arial", Red);
ObjectCreate ("Sup3", OBJ_TEXT, 0, 0, 0);
ObjectSetText ("Sup3",            "S3", fontsize, "Arial", Red);
ObjectCreate ("Res3", OBJ_TEXT, 0, 0, 0);
ObjectSetText ("Res3",            "R3", fontsize, "Arial", Red);
}
   if (counted_bars<0) return (-1);
//----last counted bar will be recounted
// if (counted_bars>0) counted_bars--;
   limit = (Bars-counted_bars) - 1;


for (i=limit; i>=0; i--)
 {


if (High [i+1] > LastHigh) LastHigh=High [i+1];
if (Low [i+1] < LastLow) LastLow=Low [i+1];


if (TimeDay (Time [i])! = TimeDay (Time [i+1]))
  {
  P = (LastHigh+LastLow+Close [i+1]) /3;
  R1 = (2 * P) - LastLow;
  S1 = (2 * P) - LastHigh;
  R2 = P + (LastHigh - LastLow);
  S2 = P - (LastHigh - LastLow);
  R3 = (2 * P) + (LastHigh - (2 * LastLow));
  S3 = (2 * P) - ((2 * LastHigh) - LastLow);
  LastLow = Open [i]; LastHigh = Open [i];
```

```
ObjectMove ("Pivot", 0, Time [i], P);
ObjectMove ("Sup1", 0, Time [i], S1);
ObjectMove ("Res1", 0, Time [i], R1);
ObjectMove ("Sup2", 0, Time [i], S2);
ObjectMove ("Res2", 0, Time [i], R2);
ObjectMove ("Sup3", 0, Time [i], S3);
ObjectMove ("Res3", 0, Time [i], R3);


        }


    PBuffer [i] = P;
    S1Buffer [i] = S1;
    R1Buffer [i] = R1;
    S2Buffer [i] = S2;
    R2Buffer [i] = R2;
    S3Buffer [i] = S3;
    R3Buffer [i] = R3;


    }


//----
    return (0);
    }
//+------------------------------------------------------------
+
```

整数框架则是 50 结尾的价位和 00 结尾的价位，这些价位也是主力进出场的主要位置，为了便于交易者观察，一般利用指标来标示这些位置，在 MT4.0 上采用的指标源代码如下：

```
#property indicator_chart_window

extern int LinesAboveBelow=10;
```

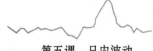

```
extern color LineColorMain=LightGray;

extern color LineColorSub=Gray;

//+------------------------------------------------------------------
+

//| Custom indicator initialization function                        |

//+------------------------------------------------------------------
+

int init ()
{
   return (0);
}


int deinit ()
{
   int obj_total= ObjectsTotal ();

   for (int i= obj_total; i>=0; i--) {
     string name= ObjectName (i);

     if (StringSubstr (name, 0, 11) == "[SweetSpot]")
       ObjectDelete (name);
   }


   return (0);
}
//+------------------------------------------------------------------
+

//| Custom indicator iteration function                             |

//+------------------------------------------------------------------
+

int start ()
```

```
{
    static datetime timelastupdate = 0;
    static datetime lasttimeframe = 0;

    // no need to update these buggers too often
    if (CurTime () - timelastupdate < 600 && Period () ==lasttimeframe)
        return (0);
    int i, ssp1, style, ssp;
    double ds1;
    color linecolor;

    ssp1 = Bid / Point;
    ssp1 = ssp1 - ssp1%50;
    for (i = -LinesAboveBelow; i < LinesAboveBelow; i++) {
        ssp = ssp1 + (i * 50);

        if (ssp%100==0) {
            style = STYLE_SOLID;
            linecolor= LineColorMain;
        }
        else {
            style = STYLE_DOT;
            linecolor = LineColorSub;
        }

        ds1 = ssp * Point;
        SetLevel (DoubleToStr (ds1, Digits), ds1, linecolor, style, Time [10]);
    }
    return (0);
}
//+------------------------------------
```

```
+
//| Helper
|
//+-------------------------------------
+
void SetLevel（string text，double level，color col1，int
linestyle，datetime startofday）
{
    int digits = Digits；
    string linename = "［SweetSpot］" + text + "Line"，
        pricelabel；


    // create or move the horizontal line
    if（ObjectFind（linename）！= 0）{
    ObjectCreate（linename，OBJ_HLINE，0，0，level）；
    ObjectSet（linename，OBJPROP_STYLE，linestyle）；
    ObjectSet（linename，OBJPROP_COLOR，col1）；
    }
    else {
        ObjectMove（linename，0，0，level）；
    }
}
```

有了震荡指标、轴心点系统和整数框架，我们怎么将它们整合到日内的交易中呢？最好再加上K线，在5分钟走势图上来运用这四样工具（见图5-20）。价格、震荡指标和轴心点（或者是整数框架）三者相符合则进场，至于出场则需要根据交易者的需要另外设定，也可以参考进场的规则，出场较为复杂，可能还需要参考其他的策略。

我们来看一些利用上述工具组合进场的实例。第一种情况是震荡指标处于超卖状态，K线出现看涨反转形态，价格恰好位于轴心点或者整数框架附近，最好是之上不远（见图5-21），这是一个做多信号或者是空头了结信号。

有条件的交易者也可以叠加上平台提供的成交量数据。

111

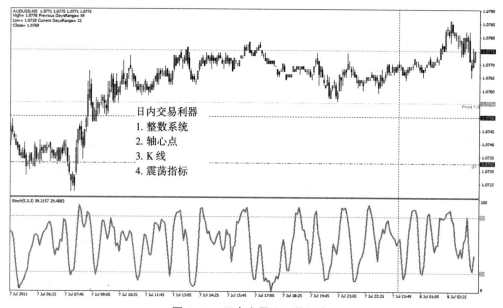

图 5-20　日内交易四工具组合

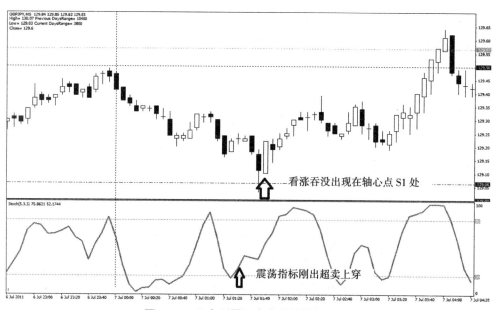

图 5-21　日内利器组合产生的做多信号

　　第二种情况则是震荡指标处于超买状态，K 线出现了看跌反转形态，价格恰好位于轴心点或者整数框架附近，最好是之下不远（见图 5-22），这是一个做空信号或者多头了结信号。

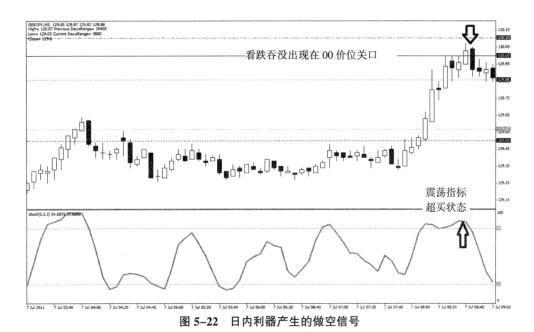

看跌吞没出现在 00 价位关口

震荡指标
超买状态

图 5-22　日内利器产生的做空信号

这些东西基本上不是道氏理论的范畴，但却是道氏理论很好的补充，因为对于日内交易者而言，如果仅仅知道趋势是无法展开交易的。

第五节　尽量选择"主要位置"——边缘介入

尽量选择主要位置进场是日内交易者必须注意的一个原则，日内交易如果进出过于频繁，见到一个微不足道的支撑位置就进场做多以及见到一个无关紧要的阻力位置就进场做空，肯定是得不偿失的。

"势、位、态"中的"势"只有一个，但是"位"却有很多个，甚至不同的时间层次有不同的支撑和阻力位置。刚刚学会了这套技能的投机客往往见到支撑阻力位置就采取行动，这其实也不是一个明智的做法。

索罗斯是一个反转交易的爱好者，具体而言是一个边缘介入交易者，边缘介入法是我们在《外汇交易圣经》这本书中

"边缘"除了从技术面上找，也可以从期货持仓、多空持仓比率、市场舆情和共识等因素去确认。

提到的一种操作技术，也是一种交易哲学。

边缘其实是一种"位置"，在上称之为阻力位，在下称之为支撑位。但是，边缘并不是普通的"位置"，为什么这样说呢？因为边缘是非常重大的支撑阻力位置，索罗斯的操作就是寻找这种重大的位置，而不是随便找个位置就反向操作。当然，索罗斯寻找的是基本面上的重大临界点，我们寻找的则主要是汇价走势上的重大临界点。

为什么选择非常重要的支撑阻力位呢？原因有很多，下面简单地列出几条。

第一，**重要的支撑阻力位往往与驱动面和心理面的重要事件**对应，所以这些位置的得失往往牵涉到此后很长一段时间的走势（见图5-23），只有设定了止损，真的可以做到"截短亏损，让利润奔腾"。

图5-23 重要的价位对应着驱动面或者心理面的重大决策点

第二，次要的支撑阻力位往往可靠性较低，市场容易在这些地方出现反复的走势。所以，在这些价位附近设定止损非常容易被日内杂波打掉，但是这种止损却不是因为你的交易被"证伪"。

具体的订单簿可以查看Oanda.com提供的相关数据。

第三，重要的支撑阻力位附近放置了最大量的订单，因

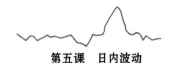

此可以很快见分晓，市场的走势好比热刀过黄油，比较爽快，即使出现空头陷阱或者多头陷阱也能够带来分明的走势。

那么，如何确定"主要位置"——边缘呢？我们这里是针对外汇市场，所以不涉及股票等其他市场上边缘的确定。

第一个重要的位置就是日线图上的年度高点和低点（见图5-24），这些点形成的驱动面背景一定要清楚，你要明白历史上达到这一点时基本面究竟怎么回事。这点代表极致，除非现在行情的基本面能够超越这个极致，否则历史只能重演，行情就此掉头的概率很大。

重要高点和低点的基本面背景要搞透彻。

2010年初创造的年内低点

图5-24　日线图上年度低点充当了下边缘

第二个比较重要的位置就是200日均线值（见图5-25），当然也可能是120日均线，这个需要根据历史数据来统计。

第三个比较重要的位置就是20日内最高价和最低价，这也是非常重要的。

第四个比较重要的位置就是00结尾的价位，特别是000结尾的价位。

对于日内交易而言，比较重要的位置就是前一日的高点和低点（见图5-26），不过这类位置很难称得上是边缘了，如果从事日内交易，一般采纳 5 日到 10 日的最高价和最低价作为边缘，观察价格在这些位置上的表现决定做单与否。这里需要记住的一点是，日内交易者并不意味着每日都需要进行交易，而是要观察清楚市场的大背景和目前的边缘所在才能行动，做到一击必中。

图 5-25　200 日移动均线充当了下边缘

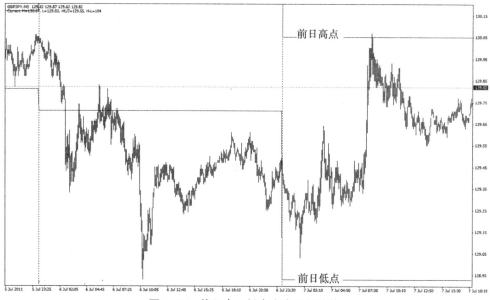

图 5-26　前日高、低点充当了弱边缘

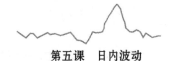

知道了如何确定边缘，那么在介入上存在什么有效的手段呢？一般而言，**在边缘上首先需要观察驱动面也就是基本面的动向，能否更坏（或者是能够更好），市场心理是否已经一边倒。其次在决定首次进场的方向，并且设定止损，失败后再考虑反向或者继续顺向。**

第一种情况是价格升至上边缘，这时候**基本面预期已经不能再好了**，也就是说再也找不到进一步想象的空间，利好的题材已经消失殆尽，都是些陈词滥调，而市场上绝大多数人都看好，汇评一边倒，那么就应该择机做空。

第二种情况是价格升至上边缘，基本面还能够进一步提供好的预期，还有一些利好刚被少数媒体提及，市场上仍旧有不少人不看好，汇评存在分歧，那么就应该择机做多。

第三种情况是价格跌至下边缘，**基本面预期已经不能更坏了**，利空的题材众人皆知，大家纷纷看空，媒体一致看空，随便一个散户都认为做空理由十足，那么就应该择机做多。

第四种情况是价格跌至下边缘，基本面预期还有进一步变坏的极大可能，一些潜在利空题材被少数汇评提及，市场上仍旧有不少人看好，认为转折就此开始，那么就应该择机做空。

上述四种情况的**边缘介入的要点在于观察汇价处于边缘附近时驱动面和心理面的表现，根据这点选择首要的进场方向，并且设定止损。**一旦触及止损，再重新考虑进场方向。

道氏理论其实也主张边缘介入，道氏理论的当代掌门人对早期道氏理论的 N 字底部进行了发展，这个 N 字结构在杰西·利弗摩尔的《如何进行股票交易》一书中也有强调，但是很少有人注意到这点，更少有专家提出来，这里提醒一下大家，边缘出现 N 字就是绝佳的进场机会，这就是隐藏在道氏理论和利弗摩尔思想中的一个法宝。

第六节　波幅统计对付日内杂波

日内杂波如何去对付，我们之前的几个小节主要从主力行为的角度去剖析。在本小节主要介绍如何利用波幅统计来对付日内杂波，这个领域并不是一个空白的领域，已经有不少先哲们在此方面有过颇有成效的工作。

理查德·丹尼斯创立海龟交易法则的时候参照了唐启恩隧道突破策略，但是在对付日内杂波上丹尼斯自有妙法。他主要从下面几个角度来对付日内杂波对交易的干扰：

第一，在日线上交易。在日线图上观察市场价格走势可以帮助交易者摆脱日内杂波对分析和决策的影响。因为日线图本身没有显示日内的具体波动情况，这就避免了日内杂波对交易者的影响。

第二，通过 20 日内的最高点和最低点来过滤日内杂波（见图 5-27）。日内杂波对交易者能够产生干扰，最为重要的一个前提是交易者的视野较短，一旦交易者稍微拉长视野就能够避免日内杂波的影响。

图 5-27　20 日高、低点通道过滤日内杂波

理查德·丹尼斯为什么后来两度清盘？根本原因是什么？

理查德·丹尼斯没有采用一日的高点或者低点作为突破交易的基准，而是采用了 20 日的最高点和最低点，这也是为了避免日内杂波的干扰。不少短线交易者在缺乏日线视野的情况下就陷入日内的盲目交易中，结果亏得一塌糊涂。

第三，**根据日均真实波幅来设定止损**。在理查德·丹尼斯统领期货界的时代，日均真实波幅的概念没有被广泛提及，

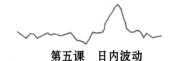

所以丹尼斯算是这个概念较早的实践者。如果仅仅是日内杂波，从统计学的角度来讲不太会超过日均波动幅度，所以丹尼斯认为日均波幅是一个很好的止损设定系数，可以避免因为无序波动而不是趋势波动带来的止损。

第四，根据日均真实波幅来决定加仓幅度。市场每天能够运行的幅度存在一个均值，因为每天市场上进出的资金量有一个均值。在正常情况下这个资金量是恒定的，这就使得市场的波动幅度是恒定的。因此，每天能够赚取的利润幅度是恒定的，而这就意味着加仓不能任意而为，必须考虑市场自身的节奏。

布林带的创立者布林格在最初从事交易的时候也非常恼火那些看似无序的日内波动，为了处理好这一问题，他借用了统计学的概念，这就是均值和离差。他通过布林带来观察价格的波动，这样绝大部分看似杂乱的波动变得具有确定性。

杰西·利弗摩尔对于日内杂波的方法比较死板，基本上是通过经验得出一个固定点数的波动区间，然后根据价格运动幅度是否突破这一区间来判定该波动属于何种层面的波动。一旦价格的波动幅度较小，利弗摩尔就会将这一波动当作最小层级的运动对待，不会在进出场和持仓上考虑这一波动的影响。

对于绝大多数交易者而言，支撑阻力位是更加常用的日内杂波处理工具。利用日线收盘价作为突破有效的评判工具，也是对付日内杂波干扰的一种常见方法。

但是，我们本节的主题是利用日均波幅和日间波动，以及日内波幅来对付日内杂波干扰。首先介绍一下日均波幅的统计方法，一种方法是算数法，另一种方法是加权法。利用算术法计算日均波幅的代表指标是 ATR 指标，也被称为真实平均波幅指标。利用加权法计算日均波幅的代表指标是 DRC 指标（见图 5-28），这个指标的使用并不广泛，这个指标主要先分别计算出最近 20 天、10 天、5 天和 1 天的算术日均波幅，然后再对这些四个均值进行算术平均。这种计算方法使得最近交易日对日均波幅值的影响较大。

ATR 和 DRC 是两种日均波动统计工具，主要是帮助日线交易者进行趋势跟踪交易采纳，当然也可以帮助日内交易者判断利润目标。比如，如果最近 DRC 的值是 150 点，而今天汇价从最高点到最低点的点数已经达到了 148 点，这就意味着你持有的日内空头头寸应该了结了。除了日均波幅统计指标可以对付日内杂波之外，我们还有两种工具可以对付它，这就是日间波幅统计工具和日内波幅统计工具。

日间波幅统计工具主要是对星期一、星期二、星期三、星期四、星期五进行波幅均值的移动统计，比如美元兑瑞士法郎的周间日波动模式（见图 5-29）。外汇市场有时按照日历表发布重要数据和消息，比如每个月第一个星期五就是非农数据的发布时间，所以星期五在波动幅度与其他几天就有较大的差别。

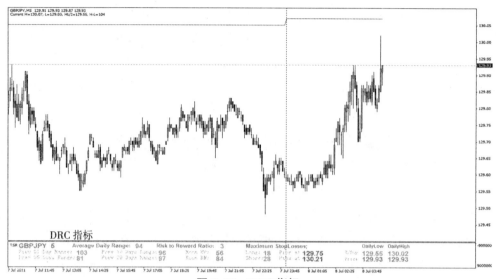

图 5-28　DRC 指标

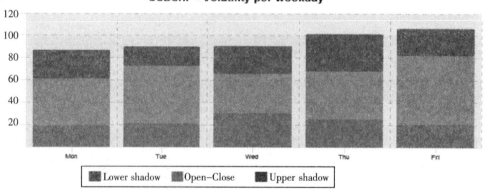

图 5-29　美元兑瑞士法郎的周间日模式

资料来源：Mataf.net。

又比如，星期一是一周的开始，周末发布的一些数据和消息需要在星期一得到全部吸收，这又使得星期一的波动幅度有自己的独特之处。一周五个交易日的波幅均值存在自己的特征，这就是所谓的周间日波幅特征，最初提出周间日模式的是美国的股票短线交易客。

如何在短线交易中运用日间波幅统计数据呢？主要运用的方法不仅帮助我们确定当日的盈利目标，还帮助我们确定日线交易持仓在当日的跟进止损幅度。比如，你星期一进场做多，而星期一的平均波动幅度是 125 点，那么你在当日的止损幅度就应该稍微大于 125 点。此后，汇价继续上升，星期二的平均波动幅度是 130 点，你在这天

的止损幅度就应该稍微大于 130 点。

除了日间波幅统计之外还存在日内波幅统计,最为常用的是 24 小时波动幅度统计(前面章节有示意图,可以从 www.Mataf.net 获得相关数据),也就是一天内每一个小时的波幅均值,这个可以帮助超短交易者确定刮头皮头寸的利润目标,同时也能够帮助他们确定止损幅度。这个工具具有非常奇妙的日内短线交易功效,大家可以自己来尝试一下。

主要运动

沿着阻力最小的路径扩张。

——利德·哈特

精力善用！

——嘉纳治五郎

第一节　利率和风险偏好驱动

主要运动也被称为主要趋势运动，这是道氏理论围绕的一个核心所在，为什么道氏理论这么重视主要运动呢？因为**主要运动的确定性最强**，这是第一个原因。

无论是巴菲特这样的价值投资大师，还是理查德·丹尼斯这样的价格投机大师，都**力图在不确定性占据主导的世界中寻找一种相对的确定性**。巴菲特通过持续竞争优势概念和安全空间在投资中寻找相对确定性，而丹尼斯则通过趋势自我证明和仓位自我证明概念在投机中寻找相对确定性。

查尔斯·道和汉密尔顿在股海遨游的时候，也想要寻找到一座灯塔，这就像美国前财政部长罗伯特·鲁宾对待不确定性的态度一样：**通过良好的分析和决策程序我们可以在不确定性中寻找到相对的确定性**，而这正是我们制胜的法宝。

汉密尔顿认为**主要运动恰好是市场中不可多得的相对确定运动，交易者应该牢牢把握这种稀缺的机会**。外汇市场的波动比股票市场更加复杂，因为外汇市场受到双边因素的影响，外汇体现的是一种比率，好比是两只股票的比率，这点与股票和期货等

金融标的有显著的区别。

如果说股票和期货受到线性因素的影响，那么外汇则受到了非线性的因素影响，**外汇的不确定性会更大，由此在外汇波动中寻找相对确定性的难度要大得多**。因此，主要运动在外汇交易中的意义更大，也更难以确认，要想高效地确认主要运动势必要专注于本小节两个主要要素的分析，那就是后面将要提及的利率和风险偏好。

道氏理论重视主要运动的第二个原因是它的运动幅度最大，能够带来最合理的风险报酬率，而且也能极大地提高胜算率。"截短亏损，让利润奔跑"这条黄金法则在非单边走势中难以发挥作用，只有在单边走势中才能为交易者带来最大的利润，同时加上合理止损则可以在承担最小风险的情况下追逐最大的利润。风险被限制了，利润得到了扩展，这就提高了风险报酬率。另外，相比非单边走势而言，单边走势中交易成功率更高，这就提高了胜算率。单边走势的体现形式就是主要运动，所以与其在震荡走势中提高胜算率不如到单边走势中同时提高胜算率和风险报酬率。

道氏理论重视主要运动的第三个原因是它能够降低交易成本，同时能够利用滚雪球效应。**主要运动的持续性很强，提供相同的利润幅度只需要极少的交易次数，则可以极大地降低交易成本**，同时也能够利用滚雪球效应。

什么是滚雪球效应？巴菲特通过一个具有持续竞争优势的公司获得了"足够长的坡"，这样就能够"滚出一个足够大的雪球"。对于投机交易者而言，主要运动就好比一个"足够长的坡"，可以供投机客"滚出一个足够大的雪球"。

主要运动之所以能够发生，有很多的说法，第一种说法是阻力最小路径效应。市场沿着阻力最小路径前进，如果这个路径比较长或者比较顺畅，主要运动就产生了，这种说法具有哲学上的意义，可操作性不强。

第二种说法是主力资金的运作所致。跟庄一度成为台湾和大陆股票市场的热门套路，很多人都试图通过跟随主力资

胜算率和报酬率存在反比关系，但是也能同时提升两者的利润幅度，想想这是怎样一种函数关系？

金来把握"主升浪",但实际上只有极少的人真正掌握了这种方法。

外汇市场中也有主力资金,不过这些资金要想创造出主要运动是不太可能的,因为主要运动需要巨量的资金牵涉其中,除非大量的主力携手起来操纵,否则主要运动不可能是主力操纵可以发起的。更为现实的情况则是**主力顺应驱动面的持续性变化,由此引发了主要运动。**

第三种说法是市场群体心理的自我强化导致的,这种说法一度被用来说明各种金融泡沫的发生、发展和破灭。索罗斯的反射性理论与此类似,但他这个理论包含了两个理论要件:一是信贷循环,也就是抵押物价值的变化与投资规模扩大的相互强化;二是市场群体心理和行情的相互强化。在索罗斯这类成熟的市场玩家眼里,**情绪不是凭空产生的,所以将一切市场行为都解释为情绪的推动是一种空洞但却吸引人的说法**,对于实际操作具有误导作用。

第四种说法是驱动面或者说基本面的持续性变化所致。就我们的经验来看,这种说法是最能够解释外汇市场的主要运动,但是驱动面的因素这么多,究竟其中的哪些因素能够导致持续性这么强的主要运动呢?

为了能够更加清晰和正确地找到决定外汇走势出现主要运动的因素,我们首先对影响外汇市场的主要因素进行概览。一般而言,影响外汇市场的主要因素有地缘政治、经济发展、利率水平、贸易和资本流动、商业并购。推而广之,任何交易品种的单边市都与主要驱动因素有关(见表6-1)。

利率和流动性几乎是所有资产价格的重要驱动因素。

表6-1 主要品种的主要驱动因素

品种	原油	黄金	外汇	债券	地产	股票	农产品	工业金属
驱动因素	哈伯特定律(OPEC产量)	地缘政治	地缘政治	利率周期	地产政策	经济周期	气候变化	全球经济
	经济增长(OECD和BRIC)	经济增长	经济增长	资金充裕	经济周期	产业政策	膳食结构	下游产业
	地缘政治(三湾一海)	利率	利率变化	基准比较	主导产业	公司业绩(每股收益)	生物燃料(能源价格)	生产成本

续表

品种	原油	黄金	外汇	债券	地产	股票	农产品	工业金属
驱动因素	气候季节（第三季度高峰）	资本流动	贸易和资本流动	共同基金	按揭利率	利率	资金流向和农业补贴	主产国和消费国政策
	政策干预（石油储备）	金饰品需求	商业并购活动	信用等级	家庭收入	流动性	劳动力流向	美元汇率
		工业用金			人口结构	股票供给		

首先来看地缘政治，欧亚大陆板块的两端，也就是东亚和西欧是全球重要的经济中心，因此**欧亚大陆的地缘政治动荡往往会促使美元升值**，因为美元的发行国处在欧亚大陆之外。

两次世界大战基本上发生在欧亚大陆，这两次大战也促成了美元地位的确立。地缘政治中两类变化会引起外汇的主要运动，第一类是结构性变化，也就是质变，第二类是持续性变化，短暂的地缘政治冲突如果强度不是很大，也不会引发外汇市场的主要运动。**没有战略资源的国家，非主要经济体和政治体的地缘政治变化也不太可能引发外汇市场的主要运动。**

自然灾害也属于地缘范畴，但是这类灾害一般很难对汇率走势形成长期影响，比如1995年日本大地震后日元汇率短期内因为资金回流国内赈灾而升值，随后又恢复到震前水平（见图6-1）。

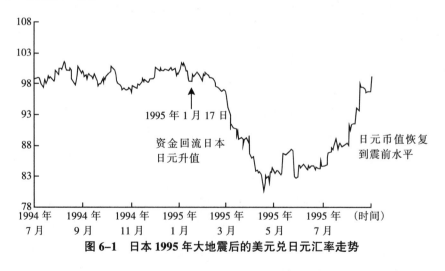

图6-1　日本1995年大地震后的美元兑日元汇率走势

经济发展对外汇市场的影响比较直接和持久，如果说货币是一国发行的股票，那么一国经济的发展速度就好比这只股票代表的上市公司的业绩。高增长、低通胀是最理想的经济发展状态。

利率水平的高低直接代表了经济发展的状态和收益水平，进入加息周期，进入降息周期，这对于外汇的运动具有非常持续的影响，因此是外汇主要运动的最直接和最易观察的影响因素。图 6-2~图 6-5 显示了汇率与两年期债券息差的关系，而图 6-6 则

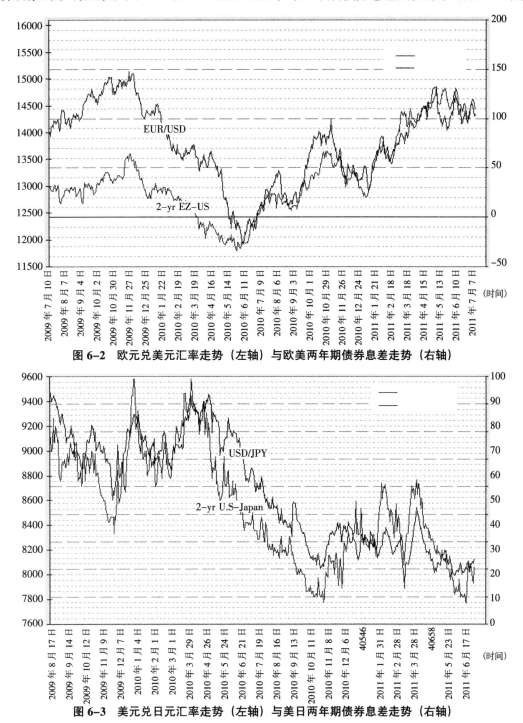

图 6-2 欧元兑美元汇率走势（左轴）与欧美两年期债券息差走势（右轴）

图 6-3 美元兑日元汇率走势（左轴）与美日两年期债券息差走势（右轴）

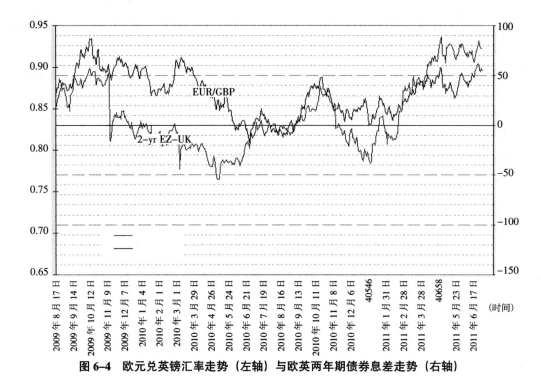

图 6-4　欧元兑英镑汇率走势（左轴）与欧英两年期债券息差走势（右轴）

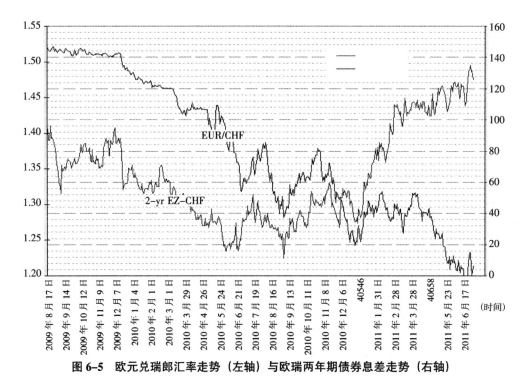

图 6-5　欧元兑瑞郎汇率走势（左轴）与欧瑞两年期债券息差走势（右轴）

（息差）　　　　　　　　　　　　　　　　　　　　　　　　　（欧元/美元）

图 6-6　2010~2011 年欧元兑美元走势（右轴）与欧美央行 1 年期利率预期差值走势（左轴）

显示了汇率与央行 1 年预期利率差的关系，可以明显发现两者是正相关的。

　　利率对于汇价走势的影响，无论怎么强调都不为过，请看 2010 年 4 月 14 日一则汇市新闻，标题是《伯南克再谈维持低利率，美元短期无望大涨》："周三（2010 年 3 月 14 日），美联储（FED）主席伯南克向国会参议院下属联合经济委员会（Joint Economic Committee）作证，一开始他并未谈及利率前景及相当长一段时间内维持低利率的承诺，而是谈到了金融业以及劳动力市场的一些向好局面，令美指先有一波小的反弹。"

　　不过，不出市场意外，随后的讲话中，长时间维持低利率的言论就出来了，这彻底伤了美元多头的心，美元指数多头的又一次反扑再遭打压，使得本来就低迷的美指再次陷入绝望。从这则新闻我们可以进一步感受到利率对汇价影响力之大。

　　贸易和资本流动，以及商业并购对外汇市场的影响可能与季节性关系更大，比如日本的财年制度对日元的影响，以及欧美假期消费对欧美货币走势的影响，但是这种影响往往会被利率预期所覆盖。

　　从上面要素概览我们可以发现，**影响外汇市场的因素众**

最简单而有效的外汇驱动面分析是从利差和风险偏好入手，化繁为简，提纲挈领。

多，但基本上可以归结为两个方面的因素，一是收益率情况，二是风险情况。地缘政治决定了风险情况，而经济发展则与收益率情况有关，经济稳定状况与风险情况有关，利率水平与收益率情况有关，但是如果利率与经济增长水平不适应，引起恶性通缩或者通胀，也会影响风险水平。另外，国际收支项目下的贸易和资本流动会导致国际间资金的流动，将直接对外汇市场产生影响。商业并购严格意义上属于资本流动，之所以单独列出来，是因为跨国并购能够引发汇率水平的短期剧烈波动。

一方面，太多的驱动因素让我们的注意力资源分配不过来，另一方面，从这些因素的深入分析发现，其中真正重要的是利率和风险偏好这两个因素，这两个因素是外汇市场主动运动的最重要的引发因素。下面我们就针对利率和风险偏好这两个因素进行展开。

利率反映整体经济的收益情况，同时也反映了通胀情况，剔除通胀后的利率水平能够反映出经济体的增长能力，当一个经济体能够承受较高的利率并且能够维持低通胀和高增长的态势，就表明这个经济体存在大量的高效率投资机会。

风险偏好在最近几年的外汇市场中往往起到波段点睛的作用，每一波外汇走势，持续时间从几日到几月不定，绝大多数都是由风险偏好决定的。所以，作为一个外汇交易者，要想把握住主要波动，搞清楚现在的市场偏好和演进倾向是非常重要的。**风险偏好决定了市场重视什么数据和消息，忽略什么数据和消息，风险偏好代表了某种认知偏好。**"见利空消息不跌，见利多消息不涨"是因为市场被笼罩在某种情绪氛围之中，明白这点非常重要。

第二节　象限分析法：外汇市场的四种主题行情

外汇市场的主要运动基本上都是由风险偏好和收益偏好两种主题引起的，所以只要把握了这两种主题就能够对外汇市场的主要运动了如指掌，获得超过一般交易者的优势。在道氏理论中，主要运动是一个可以通过形态来观察、通过点数来衡量的波动，后续的进一步确认是道氏理论对待主要运动的主要手段。很多交易者想要改变这一状况，能够在主要运动萌芽时就有所觉察。**如果能够洞悉到决定外汇市场主要波动的因素，我们就能够选择那些更可能产生主要波动的市场时期进行交易。**

从前面一节的内容我们已经明白了决定外汇市场波动的最重要三种因素是地缘政治、经济增长和利率水平变动。外汇市场最为重要的变动基本上都是由这三种因素的变化引起的。进一步分析可以发现地缘政治和经济增长与风险偏好更加相关，政治和经济如果出现动荡，那么风险厌恶情绪就会占据主导。在相反的情况下，政治和经济如果比较稳定，那么风险喜好情绪就会占据主导（见表6-2）。

表6-2　风险收益偏好与主导交易策略

地缘政治	经济增长	利率水平	主导的交易策略
风险偏好		收益偏好	
政治和经济紊乱	风险厌恶	追逐低息货币	避险交易主导
政治和经济稳定	风险喜好	追逐高息货币	套息交易主导

利率水平，准确而言是对利率趋势的预期决定了市场参与者的收益偏好。如果目前市场处于风险厌恶状态，那么低息货币受到追捧，这时外汇市场上的主要交易策略就是避险交易，这成为驱动市场主力资金流动的最大动机，市场主要运动背后的动机体现为避险。

比如2011年3月29日一则标题为《交易商趋于避险瑞郎或稳固支撑》的新闻："二欧市早盘，瑞士法郎兑美元走坚，兑欧元持平，因利比亚战事持续，且对于日本核危机的忧虑限制股市涨势并推升瑞士法郎这一避险货币。周二（2011年3月29日）欧市早盘，瑞士法郎兑美元走坚，兑欧元持平，因利比亚战事持续，且对于日本核危机的忧虑限制股市涨势并推升瑞士法郎这一避险货币。"瑞士法郎的利率是低于美元利率的，所以避险交易中瑞士法郎相对美元升值。

如果目前处于风险喜好状态，那么高息货币就受到追捧，这时外汇市场上的主要交易策略就是套息交易，这成为驱动市场主力资金流动的最大动机，主要市场运动背后的动机体现为套息。

比如2011年7月2日一则标题为《"套息交易"盛行　美元恐持续疲软》的新闻：周五（2011年7月1日）瑞士法郎兑主要货币走低，因投资者相信希腊已避开违约，于是纷纷寻求高收益资产。欧元/美元一个月来录得首周上涨，因希腊总理帕潘德里欧（George Papandreou）赢得了紧缩计划，并大大增加了获得下批金援的可能性，同时德国银行业同意希腊于2014年到期的债券；美元指数则是6月第一周以来的最大单周跌幅。在线货币交易商GFT Forex驻纽约货币研究主管Kathy Lien称：违约风险确实显著下降，同时希腊正朝着正确的方向迈进，这就是为什么我们看到交易商减少安全资产的头寸，并买入欧元和其他货币。目前瑞郎兑欧元下跌1%至1.2308，同时瑞郎兑美元下跌1%至0.8485。加元兑美元上涨0.3%，盘中触及5月12日以来高位0.9581。另

外，欧元/美元目前上涨 0.1% 至 1.4512，汇价本周上涨 2.3%；目前欧元/日元上涨 0.4% 至 117.33，美元/日元上涨 0.4% 至 80.85。美国供应管理协会（ISM）周五公布数据显示，美国 6 月制造业采购经理人指数（PMI）意外扩充，自 5 月的 53.5 上涨至 55.3。

布朗兄弟哈里曼（Brown Brothers Harriman & Co）驻纽约货币策略师 Mark Mc-Cormick 称：这对美国来说确实是个强劲的数据，你看到欧元正承受些许卖压正是基于美国 ISM 数据如此亮丽。本周卖出美元并买入澳元、加元以及纽元的"套息交易"是以往的 3 倍，因投资者开始青睐高收益资产。

"套息交易"是指投资者用卖出的低息货币作为成本买入高收益货币，美联储（FED）基准利率为 0~0.25% 致使美元普遍的为此类交易提供资金。欧元受到支撑，因交易商增加欧洲央行（ECB）下周加息的预期，并压低欧元银行业同业拆借利率，同时 2012 年 3 月合约隐含波动率上涨四个基点至 2.01%。瑞士信贷（Credit Suisse Group AG）指出，投资者预计欧洲央行明年将加息 76 个基点，高于 6 月 22 日预期的加息 16 个基点。欧洲央行行长特里谢（Jean-Claude Trichet）昨日重申决策者处于高度警惕的状态以应对通胀，令该行 7 月 7 日加息概率大增。

很显然，这时候利率越高的货币，走势越强劲，这就是风险偏好情绪下的套息交易。

根据风险偏好和收益偏好的差别，我们可以将外汇市场的主要运动划分为四种主题行情，横轴代表风险偏好，纵轴代表收益差。左横轴代表风险厌恶，右横轴代表风险喜好。上纵轴代表正的利率差，下纵轴代表负的利率差（见图 6-7）。

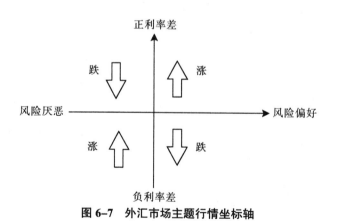

图 6-7　外汇市场主题行情坐标轴

第一象限是正的利率差和风险喜好的组合，在这种情况下主要运动是上升的。例如次贷危机发生之前，英镑利率高于美元利率，此时风险喜好情绪占据主导，套息交易盛行，因此英镑兑美元上涨（见图6-8）。

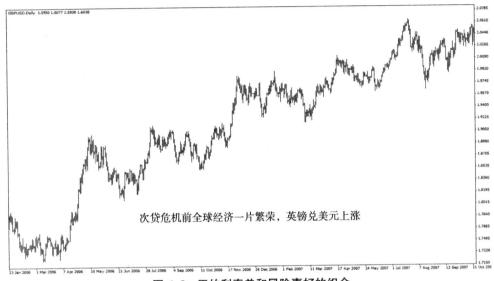

图 6-8　正的利率差和风险喜好的组合

第二象限是正的利率差和风险厌恶的组合，在这种情况下主要运动是下降的。例如次贷危机开始后，美元利率高于日元利率，避险交易主导，美日汇率下跌（见图6-9）。

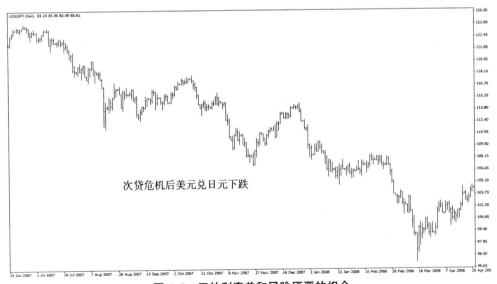

图 6-9　正的利率差和风险厌恶的组合

第三象限是负的利率差和风险厌恶的组合，在这种情况下主要运动是上升的。比如次贷危机进行中，美元利率低于加元利率，避险交易占据主导，美元兑加元汇率上

扬（见图 6-10）。

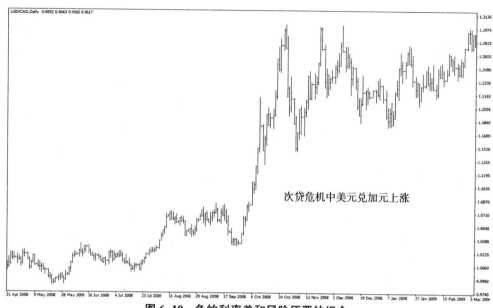

图 6-10　负的利率差和风险厌恶的组合

　　第四象限是负的利率差和风险喜好的组合，在这种情况下主要运动是下降的。比如次贷危机结束后全球经济复苏，美元利率低于加元利率，套息交易占据主导，美元兑加元下跌（见图 6-11）。

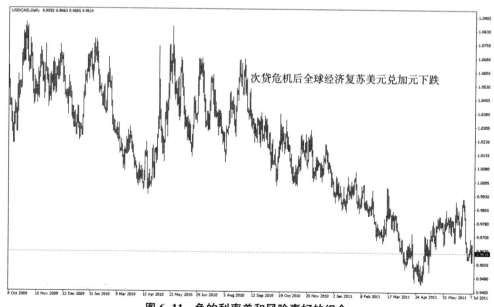

图 6-11　负的利率差和风险喜好的组合

第三节 货币购买力平价回归

套利交易的基础之一是平价理论，剔除一切成本因素，商品和要素的价格应该在不同的地域是相同的。因此，两种货币的汇率应该等于可贸易同质商品的价格比。

最为著名的购买力平价汇率体系是所谓的"巨无霸指数"（见图6-12）。这是《经济学人》杂志对各国麦当劳餐厅"巨无霸"汉堡价格统计后折算成的汇率体系。之所以采用这个汉堡的价格来计算购买力平价汇率，是因为这个汉堡几乎在世界各地都有销售，而且材料一样，制作工艺一样，所以比较符合购买力平价的假设。购买力平价背后其实更深层的含义是指汇率作为名义价格最终会向作为实际价值的购买力回归，否则就存在巨大的套利空间。

图6-12 2008年7月主要货币相对美元的高估或低估程度（根据巨无霸指数得出的购买力平价）
资料来源：《经济学人》和麦当劳。

购买力平价的大前提为两种货币的汇率会自然调整至一水平，使"一篮子商品"在该两种货币的售价相同（一价定律）。在巨无霸指数，该"一篮子商品"就是一个在麦当劳连锁快餐店里售卖的巨无霸汉堡包。

选择巨无霸的原因是它在多个国家均有供应，而它在各地的制作规格相同，由当地麦当劳的经销商负责为材料议价。这些因素使该巨无霸指数能有意义地比较各国货币。两国的巨无霸的购买力平价汇率的计算法，是以一个国家的巨无霸以当地货币的价格，除以另一个国家的巨无霸以当地货币的价格。该商数用来跟名义的汇率比较；要是商数比汇率低，就表示第一国货币的汇价被低估了（根据购买力平价理论）；相反，要是商数比汇率高，则第一国货币的汇价被高估了。

《经济学人》创立的巨无霸指数，根据购买力平价理论出发，1美元在全球各地的购买力都应相同，若某地的巨无霸售价比美国低，就表示其货币相对美元的汇率被低估；反之，则是高估。至于选择巨无霸的原因，是由于全球120个国家及地区均有售，而且制作规格相同，具有一定的参考价值。当然，购买力平价也可以根据"一篮子商品"综合计算得出，比如彭博财经提供的购买力平价和名义汇率比较就是基于"一篮子商品"来计算购买力平价（见图6-13）。

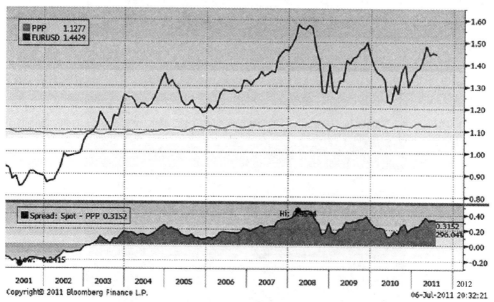

图6-13 "一篮子商品"综合计算的欧美购买力平价汇率与名义汇率的差值

资料来源：彭博资讯和Dailyfx.com。

购买力平价还可以从贴现的角度来理解，任何一种货币都可以看成是发行国家未来收益的折现，这就有点类似于证券的定价模型。一张股票的价格取决于对这家公司

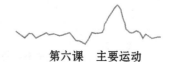

未来收益率的预期，以及股票所代表的股份份额。

货币的价格是相对的，因此还要加上这一因素，这就是表征这一货币价格的另外货币的价格。所以，从广义购买力平价的角度出发可以发现一国货币最终是由发行量的多寡，一国经济增长率带来的收益流，以及其他货币的价格来决定的。其他货币的价格最终也取决于其发行量的多寡以及经济增长率带来的收益流。综合之后，可以发现汇率受制于两种货币的发行量和两国经济的预期持续实际增长率。

下面，我们就分别从货币发行量和经济持续增长率的角度看汇率的主要运动，按照广义的购买力平价理论，货币的主要运动就是由这两种因素引起的。

货币发行量会极大稀释"持有这种货币的股东"的"股权"，这就好比"增发"，美国次贷危机爆发后美联储掌门人本·伯南克（见图6-14）开始实践他那套"飞机上撒钞票"的货币理论，截至2011年6月一共推出了两轮量化宽松（QE）。这就好比美国这家上市公司增发，这势必导致那些老股东的利益受损。货币发行量与利率水平有一定的关系，各国央行长期以来一直在关注利率和关注货币量之间摇摆。伯南克推出定量宽松之后，美元就持续下跌，这就是美元对购买力平价的回归过程。在世界历史上同样的情况一直在上演，比如罗马帝国和元朝减少铸币的成色，以此扩大货币的发行量来满足财政需要，最终这些货币都贬值了。"一战"后的德国也曾经因为疯狂发行纸币而剧烈贬值。

图6-14　本·伯南克

按照购买力平价理论，汇率的主要运动除了因为货币发行量剧烈变化而出现之外，经济增长率预期的重大变化也会导致汇率的主要运动出现。我们可以预期的是随着中国经济开始降低长期增长速度，人民币的升值压力就会逐步消失。一国经济的长期增长率决定这个国家汇率的长期水平。

从这个角度来看，GDP 增长率对汇率的影响应该是较为隐蔽且非常持久的。欧元诞生之前的德国马克（见图 6-15）是欧洲非常坚挺的货币，除了德国央行严肃对待增发货币之外，最为根本的原因在于德国在"二战"之后一直保持较高的经济增长率。这种较高的增长率与德国人口结构优势，较晚的退休年龄以及重视高科技，国防开支小有关。

图 6-15　面值 10 元的德国马克

本课前面两节认为利率和风险偏好是决定汇率主要运动是否出现的最关键因素，本节则认为货币供给量和经济增长率是关键，其实两者有共同之处。首先，利率和货币供给量是密切相关的；其次，风险偏好与经济持续增长率有关，经济可持续增长率低则风险厌恶上升，比如政治和经济动荡时期，经济可持续增长率就低，而此时风险厌恶也会上升。由此看来，叙述上的差异主要是因为分析角度的区别而已，所以大家在实际操作中可以其中一个视角为主，通过另外一个视角辅助观察。

第四节　艾略特波浪分析

利用艾略特波浪理论来寻找主要运动并不是什么新理论，很早之前就有不少股票交易者试图在个股走势上利用艾略特波浪来把握主要运动。艾略特波浪本身只是区分了主要波动和次级折返，但由于艾略特波浪本身的一些特征引发了交易者的误解和误

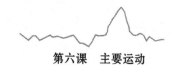

用，我们就先从这些误解和误用开始介绍艾略特波浪理论，只有将这些误解和误用搞清楚了，才能够真正地用好它。

　　对待艾略特波浪理论的第一个错误态度在于试图在每一个价格波动层级上寻找这一结构，即使在道氏理论所谓的日内杂波中也想要寻找这一结构的做法往往让交易者力不从心，走火入魔。

　　对待艾略特波浪理论的第二个错误态度是站在分析师的角度来看待其结论，而不是站在交易者的角度来运用其结论，这就使得操作中完全不顾仓位管理。

　　对待艾略特波浪理论的第三个错误态度是想要在一切波动中获利，这其实就是忽略了行情复杂多变的一面，将整个市场定义为确定性的，而这与现实完全相反。**实际的市场走势往往是随机性占据主导，所以交易者面临的最大现实就是如何从不确定性中寻找相对的确定性，而这只有从主要运动中才能获得。**就艾略特波浪理论而言，所谓的主要运动基本上与驱动浪等同。进一步来说，第 3 浪是最能够把握、最适合交易的浪，这在股票市场中一般被称为"捕获主升浪策略"，在外汇市场中也有类似的提法，不过不叫主升浪，而称作"趋势波动"。

　　既然知道了对待艾略特波浪理论的三个误区，这里我们就可以进入本小节的主题，那就是"如何利用艾略特波浪理论把握主要运动"。

　　艾略特波浪理论的全息结构是"5–3"结构，最初的艾略特波浪理论只有上升模式，也就是 5 浪上升，3 浪下降，后来随着期货和外汇市场的出现，理论界的人士才开始建立相反的下降模式，也就是 5 浪下降，3 浪修正模式（见图 6-16）。5 浪代表一波驱动因素的发酵，3 浪代表这一因素的衰竭。

　　从道氏理论结合艾略特波浪理论的角度来认识主要运动，可以得到以下有益的操作指南：

　　第一，5 浪中的第 1 浪到第 3 浪，构成了一个 N 字，这也是道氏理论趋势开始的一个标志，道氏理论早期的时候就

有效运用艾略特波浪理论的最大障碍点是什么？

提出了这一 N 字结构（见图 6-17），到了当代才正式被提及和着墨。另外，3 浪中的 a-b-c 往往也构成一个 N 字（见图 6-18），特别是所谓的锯齿形调整。由此看来，道氏理论中趋势开始和结束时经常出现的 N 字在艾略特波浪中也同样存在。

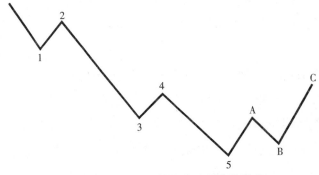

图 6-16　呈下跌趋势的艾略特波浪模式

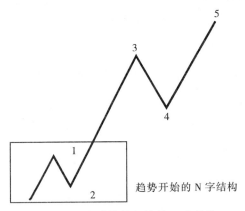

图 6-17　上升趋势开始的 N 字结构

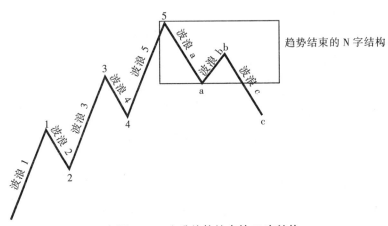

图 6-18　上升趋势结束的 N 字结构

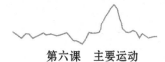

当然，杰西·利弗摩尔在《如何进行股票交易》一书中也曾经有几段话描述了这一结构，大家可以仔细查找这几段原文。这些都是前人的著述和经验，大家可能觉得已经过时了。

但是，站在今天市场发展的角度，我们仍旧看到这一结构在频繁出现，无论是在股票市场还是在外汇市场，期货市场也是如此，以至于我们在《短线法宝：神奇 N 结构盘口操作法》和《外汇短线交易的 24 堂精品课：面向高级交易者》两书中对此有深入的介绍和剖析。

很多人觉得这个东西非常简单和频繁，殊不知市场的根本结构就在这里面。混沌交易理论大师比尔·威廉姆其实就是想通过定义分形来确定这一结构，只不过没有说明而已。所以，**要想把握趋势的开始，找到主要运动的开始，就必须从 N 字结构入手，这就是非常关键的一句操作指南。**

第二，**N 字出现之后的汇价走势往往是艾略特波浪理论中的第 3 浪**，或者说主升浪，这一浪对于交易者而言非常有利，使交易者在与市场的赌局中获得一段时间的不对称优势，也就是说这段走势使交易者的期望收益变成了正值。

为什么会这样呢？其实，前面已经提到过了，第 3 浪提供了高胜算和高风险报酬率的交易机会。主要运动中间夹着次级折返，这是道氏理论的模型，在艾略特波浪理论模型中，驱动浪中间夹着调整浪，相对于调整浪幅度越大的驱动浪越值得我们交易，这种主要运动给我们提供的优势越大。

第三，**寻找主升浪在越大的时间框架上效果越好**，N 字结构不仅存在于日线之上的走势，这虽然是事实，但更为重要的事实是日内的 N 字结构往往只是杂乱走势的偶然形式而已。**在外汇交易中，最好在 1 小时图之上的时间框架上运用 N 字结构来捕捉主要运动的开始。**

第四，调整浪走势非常不规则，因此最好在驱动浪突破后介入，至少也要在调整浪结束拐头后介入，而且止损是必须设定的。**我们要获取利润的走势主要是第 3 浪，这个一定要有清楚的认识。** 退出的时候一般会选在第 4 浪或者 C 浪，因为第 4 浪很可能以包含反向 N 字的结构出现，而 C 浪与 A、B 浪本身就构成了反向 N 字（见图 6-19）。

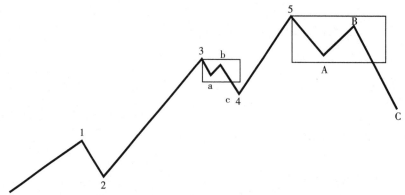

图 6-19 第 4 浪和 A、B、C 修正浪都可能出现 N 字退出结构

第五节　外汇逻辑驱动层次

在开始本小节之前有必要回顾一下本课前面几个小节涉及的内容。本课所传授的所有技巧和理论都围绕一个中心，那就是主要运动形成的机制和把握方法。

在第一节中，主要从利率和风险偏好的角度来剖析外汇主要运动形成的机制，同时也告诉了大家如何通过利率和风险偏好来预判和确认外汇市场主要运动的发生和发展。

在第二节中，对第一节的内容进行了深化，着重从利差和风险偏好两个角度来分类主要运动的形式，一旦能够定义当下外汇市场的利差预期和风险偏好，那么外汇市场可能的主要运动就能够被我们觉察到，当然这只是增加了识别的概率。**外汇交易永远是一个概率游戏，如果忽略了这一根本前提，则很容易在任何理论和策略的运用中陷入"靠预测做交易"的危险境地之中。**

第三节则是对第一节和第二节的内容进行了一些换角度的重新思考，着重从分析股票的角度来看待外汇的走势。这三节的内容都是集中于驱动因素，也就是从基本面的角度来预判和确认外汇市场的主要运动。

竞争导致了不确定性，高度竞争导致了高度的不确定性。

　　第四节则从行为面，也就是技术面来预判和确认外汇市场的主要运动。一个主要运动必然有一个驱动因素引发，然后它会遵循一个符合自然节律的生长模式发展，这就是艾略特波浪理论发挥作用的地方。

　　将驱动因素和艾略特理论结合起来思考外汇的主要运动能够起到非常大的实际作用，但这也是一个非常费精力的过程，所以对艾略特波浪理论进行简化是一件非常重要的事情。

　　目前为止，比较成功的简化就是 N 字结构，**在预测和确认外汇市场主要运动的工作中，结合 N 字结构和利差—风险偏好分析是最高效的工具组合！**当然也可以结合权威的外汇波浪理论简报和基本面汇评来把握主要运动，只是这种做法往往事倍功半。除非你知道如何对基本面汇评和消息进行筛选和处理，这就需要用到"帝娜外汇基本分析矩阵——外汇驱动（基本）分析矩阵"（见图 6-20）或者称之为"外汇逻辑驱动层次——外汇"铁五角"的逻辑层次"（见图 6-21）。"逻辑层次"（Logical Levels）是一代神经语言程式学大师迪尔兹的贡献，我们将它引入外汇分析中，本来他用这个工具来分析人为中心的系统作用，我们就用这一系统来分析外汇波动为中心的系统。

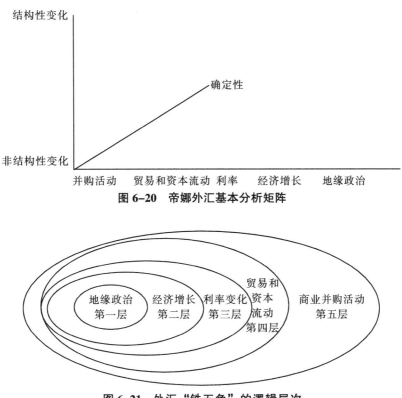

图 6-20　帝娜外汇基本分析矩阵

图 6-21　外汇"铁五角"的逻辑层次

关于这个工具本身的含义我们这里就不再赘述和重复，大家可以查阅《外汇交易圣经：囊括全球最新外汇交易策略的革命性体系》《外汇交易三部曲：驱动分析·心理分析·行为分析》和《外汇短线交易的24堂精品课：面向高级交易者》三本书的深入介绍和演绎。

在其他几本关于外汇交易的论著中，我们已经介绍过这一方法，而且众多的职业交易员在我们的亲自指导下也能高效地运用这一工具来提高捕捉大行情的能力。但是，绝大多数读者却认为这是一个理论性很强的抽象模型，毫无实战用处，他们往往将精力集中到了技术图形和指标上，对于这个模型一笑置之。其实，这就丢失了捕捉大行情的机会，也就是外汇市场主要运动的最好工具。我们这里主要讲怎么去实际运用它，这里存在三个要点。

第一个要点是**将最近发生和当下发生的相关事件和数据归入到相应的层级上**。千万不要完全自己去分析每个层次发生了什么，最好的做法就是将新闻和评论摘要归入相应层级，利用别人的分析结论很重要，可以节省自己的时间和精力。在这个基础上再补充。

第二个要点是依据三个维度对每个层级的事件和数据进行评分（利用表6-3计分），确定性越强的事件预期和数据预期影响越明确，行情也就越明确。那些引发市场犹豫情绪的数据一般不容易引导出单边行情，市场往往在0.5回撤位置附近长时间盘整。结构性变化，也就是质变，也容易引起主要运动，比如开始加息或者暂停加息。

关于主题的把握大家可以参考一下《题材投机》这本书，这是关于题材操作法最为重要的一本经典，虽然这本书是关于股票市场的，但是在外汇和期货市场上也有类似的情况存在。

第三个要点是要在此基础上搞清楚**市场最近的主题是什么**，主题分析要落实到市场风险偏好上，也就要回到本课开头两课介绍的问题上，这样才能把握市场行情的主线，而这是盈利的关键所在。

表6-3　驱动事件的计分情况

重要程度	驱动事件	结构水平	确定程度	得分总计
5. 地缘政治				
4. 经济增长				
3. 利率变化				
2. 国际收支				
1. 商业并购				

第七课

次级折返

造成次级折返的原因有很多，最为重要的是上升趋势中的超买和下降趋势中的超卖。

——罗伯特·雷亚

我开始计算价格运动的幅度……最终了解到折返走势的波动幅度。

——杰西·利弗摩尔

第一节　斐波那契回调比率

次级折返在道氏理论中具有重要的意义，因为这是市场妨碍交易者获利的"关键伎俩"。这些波动加上日内杂波曾经让投机之王——杰西·利弗摩尔非常恼火，因此有了那句著名的经典口号："从今以后，我决定抹去所有微不足道的市场波动。"

道氏理论的第三代掌门人罗伯特·雷亚指出，"次级折返对于股票市场而言是不可或缺的……"但是，**"次级折返对于保证金交易者会构成最大的危险，同时那些能够将次级折返与主要运动区分开来的交易者也获得了最大的交易机会……"**。

次级折返的主要作用在于干扰我们对市场趋势和主要运动的识别。因此，识别次级折返的主要目的在于尽量排除这种干扰。道氏理论对于次级折返显得无可奈何，因为一方面

如何过滤掉那些"微不足道"的市场波动？

道氏理论对次级折返持有矛盾的态度。在大数据和人工智能蓬勃发展的今天，我们是否能够更好地分析和处理次级折返呢？

145

他们认为任何试图确认次级折返的精确模式的努力都必然遭到失败，另一方面他们又不遗余力地对次级折返的幅度进行统计。

次级折返的统计涉及三个方面的内容：一是次级折返的持续时间；二是次级折返的比率；三是次级折返的实际点数。这要比杰西·利弗摩尔更加深入，因为他只统计了点数。

罗伯特·雷亚认为理想状态下的次级折返应该是此前主要运动幅度的33%~66%（见图7-1），但**实际统计的结果却未必如此**，这就是理论和现实的巨大差别。

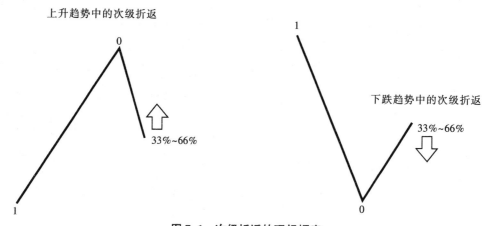

上升趋势中的次级折返

下跌趋势中的次级折返

33%~66%

33%~66%

图7-1　次级折返的理想幅度

期货投机大师斯坦利·克罗非常善于利用次级折返进场，这与海龟交易法则形成了鲜明的对比。除了从回撤幅度上确定次级折返结束点之外，还可以利用哪些指标来确定这个结束点？震荡指标、成交量和K线形态，以及持仓和舆情等。

再者，**次级折返运动的速度很快，较主要运动更快。**雷亚指出："通常情况下，一个主要运动要花费几周完成，而一个次级折返则在几天内就能够完成。"（见图7-2）而且次级折返发生的时候成交量也会相应地变化，上升趋势中的次级折返发生时成交量会缩小（见图7-3），当然这是股票市场的情况。

根据汉密尔顿的统计，上升趋势中的次级折返超过一半的回调其幅度会超过50%，而下跌趋势中的次级折返则会有超过70%的概率其回调幅度在33%~66%。当然外汇市场上与此有不少区别，这可能是因为外汇市场主力因素影响较小，而群体性因素更多，这就为某些自然节律发挥作用打下了基

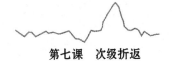

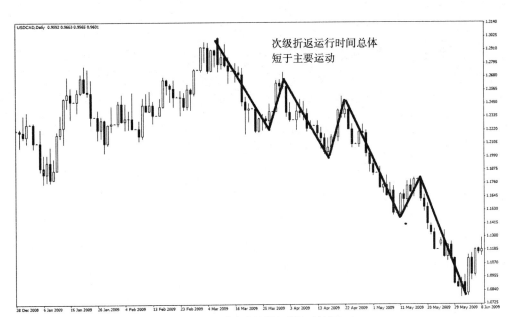

图7-2　次级折返耗时相对较短

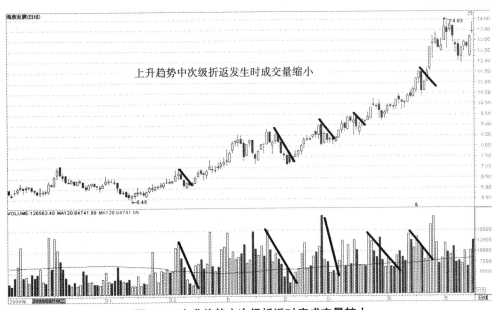

图7-3　上升趋势中次级折返对应成交量较小

础，比如斐波那契比率。

　　斐波那契比率在研判回调幅度方面具有非常大的优势，特别是在外汇市场上。这可能是因为外汇市场上使用斐波那契比率操作的人不少，有点自我实现的意味。这一小节主要介绍如何利用斐波那契比率来分析次级折返，严格来讲是利

斐波那契比率的基础知识和背景知识这里就不赘述了，大家可以找相关的资料来参考，比如《斐波那契高级交易法：外汇交易中的波浪理论与实践》等。

147

用斐波那契回调比率来分析。

我们这里运用斐波那契回调比率是有前提的，那就是用来分析次级折返。这种次级折返是在日线框架上的，这点很重要，所以至少你应该在4小时图上来运用这一工具。

我们分析次级折返的时候，只用0、0.382、0.618、1这四个水平，为什么呢？因为多了的话，就存在曲线拟合的可能性了。而且，我们主要以0.382和0.618这两个水平构成的区域来考虑次级折返（见图7-4和图7-5）。在《斐波那契高级交易法》一书

图7-4　上升趋势中的次级折返核心区

图7-5　下降趋势中的次级折返核心区

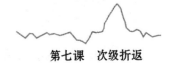

中，我们采用了类似的方法，这里我们做了一些改进，让它更具有良好的适应性，适合一切品种和行情的次级折返分析。但是，大家一定不要忘了我们是在日线上运用这套理论的。

我们是这样用斐波那契回调率来剖析次级折返的：在上升趋势中，价格回调到前一上升波段的 0.382 之下，然后又向上穿越 0.382 或者 0.618，这时就意味着回调结束。在下降趋势中，反过来用就行了。当然，我们这里只是谈到了如何确认折返结束，还没有谈到如何利用斐波那契回调比率来识别折返，具体而言是区分次级折返和主要运动。

一般而言，**如果行情不能突破 0 和 1 的水平，则意味着是次级折返**（见图 7-6）。还有一种比较普遍的情况，那就是**连续三个以上波段各自以 80% 的波动重叠在一个范围之内，这也是次级折返**（见图 7-7）。

艾略特波浪理论这种情况可能是复杂性调整结构，如果这时候需要在这些 80% 重叠的波段中找出最高点和最低点，除非价格能够收盘其上，否则就认定其一直处于次级折返中。这点在本课的最后一小节关于箱体的教授中会详细展开。

如果想要提供斐波那契比率分析的精度，最好结合数据发布。一边关注点位与价格形态，一边关注数据发布。现在许多网站将数据发布标注在即时走势图上，例如 Forexfactory 和 Oanda。

图 7-6　次级折返不能突破 0 和 1 的水平

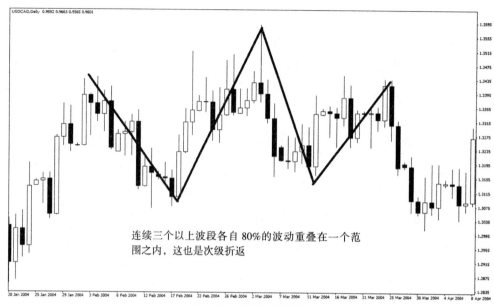

连续三个以上波段各自80%的波动重叠在一个范围之内，这也是次级折返

图7-7　连续次级折返

第二节　蜡烛线

蜡烛线是日本人的骄傲，他们从中国的哲学元素中获得了自己的独特智慧和工具，这种学习精神值得我们尊重。**蜡烛线在次级折返中的作用主要是用来提醒我们注意次级折返的开始和结束。**蜡烛线属于"势位态"分析中的"态"元素，属于微观层次的东西，所以对市场局部走势的洞察较为有用。

次级折返相对于主要运动而言确实属于局部的东西，所以蜡烛线能够很好地帮助我们预计到次级折返的到来和次级折返的完成。

反转蜡烛线连接了主要波动和次级折返，以及次级折返和主要波动。比如在一波上升趋势中，主要波动和次级折返之间是看跌反转蜡烛线，而在这一次级折返和主要波动之间则是看涨反转蜡烛线（见图7-8）。在一波下跌趋势中，主要波动和次级折返之间是看涨反转蜡烛线，而在这一次级折返和主要波动之间则是看跌反转蜡烛线（见图7-9）。

图 7-8　上升趋势中次级折返出现的反转 K 线

图 7-9　下跌趋势中次级折返出现的反转 K 线

外汇日线上的蜡烛线价值要比 5 分钟走势图上的大，因为其可靠性更高，而且对行情指示的范围覆盖更广。

那么究竟有哪些蜡烛线可以帮助我们识别次级折返的开始和结束呢？在外汇市场上，什么蜡烛线有效性更高呢？我

如果你在日内很难挣钱，那么可以尝试一下日线级别。其实，后者容纳的资金量更大，趋势更加明显，也没有那么费精力。

们认为"早晨之星""黄昏之星""流星"和"锤头"是比较有效的反转识别形态，下面我们就着重介绍一下这四种形态。

"早晨之星"的关键在于市场由不均衡到均衡，然后到反向不均衡（见图7-10）。"黄昏之星"（见图7-11）与"早晨之星"恰好相反。"流星"是上影线非常长的阶段性高点反转形态（见图7-12）。"锤头"是下影线非常长的阶段性低点反转形态（见图7-13）。这四种形态非常频繁地出现在次级折返和主要运动的交替之中。

图 7-10　次级折返与"早晨之星"

图 7-11　次级折返与"黄昏之星"

次级折返和主要运动之间的"流星"

图 7-12 次级折返与"流星"

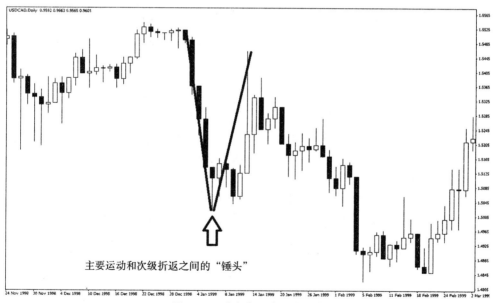

主要运动和次级折返之间的"锤头"

图 7-13 次级折返与"锤头"

第三节　震荡指标和周规则箱体

震荡指标的表现形式就是这个指标值在设定的水平值之间或围绕一个中心线的上下波动的指标。震荡能够长期保持在一个极端水平上（超卖、超买），但是它们不会保持一个趋势而方向不变。震荡指标除了可以用来识别日内震荡之外，还可以用来帮助我们把握次级折返开始和结束的时机，特别是结束的时机（见图7-14）。

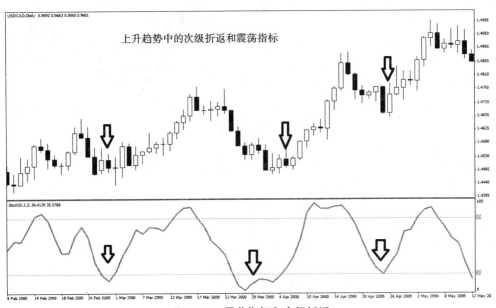

图7-14　震荡指标和次级折返

《金融评论》曾发表过一篇论文，里面刊载了2000~2010年20多种技术型交易系统的测试和研究，最终得出了结论，周规则名列榜首，紧随其后的是移动平均线。同时期，理查德·丹尼斯（Richard Dennis）创办了举世轰动的"海龟交易班"，"龟仔们"创造了四年年均复利80%的收益，而《海龟交易法则》中的具体操作信号正是周规则。

对于移动平均线，大家早已熟知，那么周规则是什么呢？为什么它如此优秀，就连世界上最顶级的交易员都在使用它？

周规则是由理查德·唐启恩（Richard Donchian）发明的，它是一种追随趋势的自动交易系统。最初它以四周的形式出现。

以周规则为基础的交易系统十分简单，下面以"四周规则"为例，讲述它的使用方法。第一，只要价格超出前四周内的最高价，就平掉空头仓位并做多；第二，只要价格跌破前四周内的最低价，就平掉多头仓位并做空。

交易者可以在"四周规则"的基础上，对其进行优化，为了避免在无趋势时产生的错误开仓信号和尽量地保护手中的利润。例如，可以将"四周规则"用于开仓，而将"二周规则"用于平仓。

同样周规则理论上也适用于任何时间周期，同时，**它不仅可以当作交易系统使用，还可以当作辨别趋势是否反转的工具。**如果你是一个系统交易者，那么通过优化周规则和在其基础上进行交易是最好的选择，因为它已被证明具备在任何市场中获利的能力。最后需要指出的是，使用周规则应该始终如一地按照它的指示去操作，往往一年甚至几年的利润就在一次信号之中。

所谓箱体，是指汇价在运行过程中，形成了一定的波动区域，即汇价是在一定的范围内波动，这样就形成了一个汇价运行的箱体。当汇价滑落到箱体的底部时会受到买盘的支撑，当汇价上升到箱体的顶部时会受到卖盘的压力。一旦汇价有效突破原箱体的顶部或底部，汇价就会进入一个新的箱体里运行，原箱体的顶部或底部将成为重要的支撑位和压力位。

箱体理论最先是尼古拉斯·达瓦斯（见图 7–15）在他写的书《我如何在股市赚了 200 万》里提出来的。尼古拉斯·达瓦斯是一位舞蹈家，他和舞伴每年在全球巡回演出。用跳舞挣来的 3000 美元开始了第一笔股票投资。他在 18 个月的时间内净赚了 200 万美元，他这 200 万美元大都是通过买箱体突破赚来的。

在股市获得巨额利润以后，《时代》杂志对他做了特别报道。《我如何在股市赚了 200 万》出版后立即得到读者的强烈反响，在短短 8 周的时间里就销售了近 20 万册。估计约有

改进后的海龟交易法则在离场上采取较进场更短的时间参数。

如果在周规则的基础上加上事件驱动或者题材驱动，那么具体应该如何构建这样的系统？

100万名读者看过这本书。这本书的影响太大，以至于美国股票交易所不得不修改有关止损卖单的规则。他撰写的另一本书《华尔街：另一个拉斯维加斯》获得了读者的好评，却遭到了《财经报刊》杂志的封杀，因为这本书揭露了经纪人和情报贩子的内幕。他所赚的财富并非来自"幸运"，而是不断从错误中学习，最后终于形成了自己的理论。

周规则其实是箱体的特殊形式，在日线上的次级折返可以通过震荡指标叠加箱体来剖析。通过这两个工具的组合，我们可以很好地识别出次级折返的运行规律和转折时机。

图7-15　尼古拉斯·达瓦斯

相互验证

道氏理论当中最有价值的部分，甚至是每天都必须牢记的一点是：只有当运动得到两个指数的相互确认时，才考虑这一运动的意义。

——罗伯特·雷亚

我们已经反复强调，凭借单一价格运动得到的结论容易为假象所迷惑。

——威廉·彼得·汉密尔顿

第一节　驱动分析—心理分析相互验证

相互验证在道氏理论中具有相当重要的意义。为什么这样说呢？最为重要的一点是道氏理论专注于对趋势的研究，而之前我们已经提到过趋势分析最为有效的两大框架，就是"跨时间分析"和"跨空间分析"，**相互验证就是比较典型的"跨空间分析"。**

中国古代有一句被政治家引用甚广的名言："不谋万世者，不足以谋一时；不谋天下者，不足以谋一域。"这句名言为什么这么重要呢？它道出了辩证思维方法在分析问题和处理问题时的价值。

系统论和博弈论是我们时代最为伟大的两项思维工具，而相互验证则是这两大思维在金融交易中的具体实现途径。

在金融交易中运用博弈论的最大障碍点是什么？

事物是相互联系的，从这种相互联系中我们可以得到事物本身发展的线索，而相互验证思维正是想要从金融标的的相互关联中寻找到某一标的的发展趋势。

　　道氏理论为什么要挑选相互验证作为自己的重要工具呢？在金融市场发展的早期，具体而言是在股票市场发展的早期，像查尔斯·道这些先驱者们始终无法脱离实体经济的影响，而在实体经济中，生产部门和流通部门则是相互联系的，在经济中重大发展可以通过生产部门和流通部门的关系来理解，因此，查尔斯·道建立了工业指数和铁路指数（见图 8-1）。我们可以这样来理解，那就是道氏理论将实体经济的相互验证引进到了虚拟经济中，这就是道氏理论相互验证原理发展起来的一条逻辑线索。

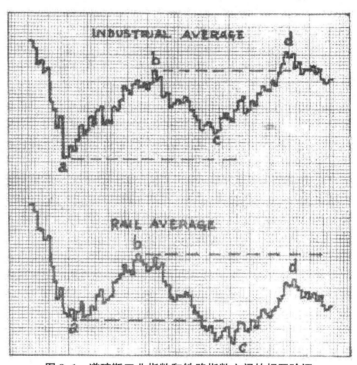

图 8-1　道琼斯工业指数和铁路指数之间的相互验证

资料来源：查尔斯·道手稿。

　　相互验证在当代技术分析中具有重要的价值，但是被绝大多数技术分析者和交易者所忽略。大家可以翻翻众多的技术分析书籍，关于相互验证方面的内容提及的相当少，大多集中于单个技术指标的"神奇效果"介绍上。而且，相互验证的具体运用也被狭窄化了，大多以技术指标之间的相互验证为基础发展起来。比如成交量和价格的相互验证，震荡指标和趋势指标的相互验证，等等，还有诸如蜡烛线和震荡指标的相互验证等。这些相互验证技巧的效果要远远低于那些**跨度更大的相互验证**。

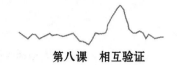

当代技术分析中的相互验证具有非常广泛的类型和发展空间。比如基本因素和价格因素的相互验证，"见利空不跌，见利多不涨"就是典型的一种基本面和价格走势的相互验证。

相互验证可以在基本面（驱动因素）、心理面和技术面（市场行为因素）之间展开，也可以在不同的金融标的和市场之间展开，这就是相互验证的两种基本模式。前者是纵向的相互验证，后面是横向的相互验证。道氏理论的发展并不仅仅是横向的相互验证，当代道氏理论掌门人也非常注重纵向的相互验证，他们跳出了纯粹技术分析的藩篱，将货币流动性与股价指数走势结合起来相互验证，这对于交易者而言是一次伟大的再革命，这是需要大家重视的，并且更应该身体力行。

在外汇市场中，相互验证的领域和范畴是广泛的，有驱动分析与心理分析的相互验证，也有心理分析与行为分析的相互验证，当然还有品种之间的相互验证。我们本小节主要介绍"驱动分析—心理分析"的相互验证。

驱动分析在第六课的"主要运动"中有深入的介绍，这一课的主要目的是告诉大家如何抓住大行情运动，同时也告诉大家驱动分析的要点所在，这就是抓住利率和风险偏好的变化。因此，**在进行"驱动分析—心理分析"相互验证的时候需要关注利率和风险偏好的变化。**利率预期的变化和风险偏好的变化可以很容易地从众多的外汇财经媒体中获得。

那么如何获得心理分析的相互内容呢？心理分析主要包括涨跌期权比率，投机者情绪指数（SSI，见图8-2）以及COT外汇期货持仓报告（见图8-3）等，我们在《外汇交易三部曲》的相关章节已经详细介绍了这些工具，这里就不再赘述了。

外汇交易中如何将行为分析与驱动分析，以及心理分析结合起来相互验证和过滤呢？

风险偏好的变化是否属于心理分析呢？

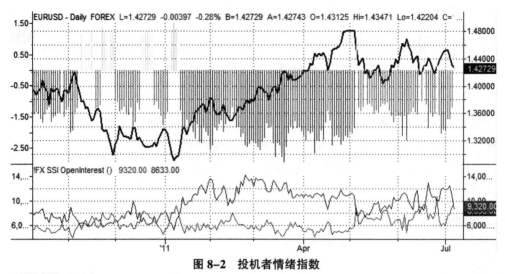

图 8-2　投机者情绪指数

资料来源：Dailyfx.com。

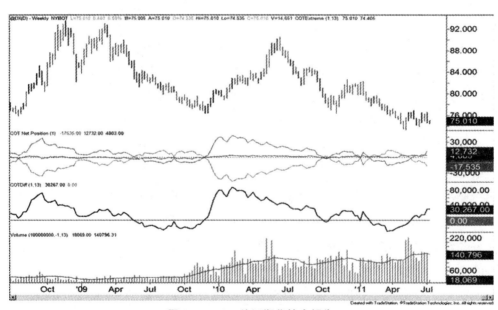

图 8-3　COT 外汇期货持仓报告

资料来源：Dailyfx.com。

　　大家可以从 Dailyfx 网站上方便地查阅这些数据，同时这一网站也提供了数据的解读，你只需要将这些解读的结论与利率预期以及风险偏好结合起来使用即可。比如，如果利率预期认为欧元将先于美元进入加息走势，同时市场现在明显偏好高息货币，也就是说套息交易占据主导（这个可以从 Mataf.net 的货币指数强弱排列推断出来。相关的方法在第二课已经介绍了，大家可以回过头来好好温习一下本书前面的部分），这

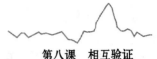

就意味着驱动面欧元看涨。同时，投机者情绪指数表明大多数小额交易者看空欧元（小额交易者的主体往往是行情的反向指示器），更为理想的状况是外汇期货持仓报告表明大型投资者看涨欧元，这就意味着心理面欧元看涨。这样的情况就表明"驱动面和心理面的看涨信号得到了相互验证"，我们应该倾向于建立做多欧元的头寸。

第二节　心理分析—行为分析相互验证

行为分析主要是针对市场行为，也就是价格（汇价等）本身的波动进行研究，与技术分析基本等同，但是前者所指更加明确，也与现代行为经济学和行为金融学，以及心理学派中的行为主义，还有博弈论的相关结论更加贴近。

心理分析和行为分析结合起来使用并不是今天交易者的独有发明，早在日本蜡烛线创立的年代，市场心理和价格的走势就被结合起来分析。在西方的交易界，将市场心理和价格走势结合起来相互参照最早也可以追索到郁金香泡沫、南海泡沫和密西西比泡沫时期。

心理分析如何与行为分析相互验证呢？一般的方法是分别从心理分析和行为分析中得出各自的涨跌结论，然后将这两个结论进行综合，如果都是看涨则倾向于建立多头仓位，如果都是看跌则倾向于建立空头仓位，如果矛盾则倾向于观望。行为分析的主要内容包括"势""位""态"三个方面的内容，我们就扼要介绍一下这三个要素的内涵和相互关系。趋势是宏观层面的，位置是中观层面的，形态是微观层面的。行为分析的途径很多，有形态、指标等，但不外乎"势、位、态"这个范畴，任何行为分析都必须包含这三个方面，否则效果会大打折扣。

心理分析和行为分析还有一种相互验证方式，这种方式适合于"边缘介入"或者说"反转交易"。背离是我们在本课最后一节介绍的概念，我们这里简单讲一下纯粹行为面的背

为什么震荡市场当中，多空仓位对比往往是"正向指标"，而到了单边市场当中，多空仓位对比往往就是"反向指标"呢？是否与倾向效应有关？

离，比如价量背离，或者价格与 MACD 的背离（见图 8-4 和图 8-5）等，就纯技术面而言这是反转信号，但是并不这样去使用它，我们需要得到心理层面的验证。怎么验证呢？如果心理层面出现市场集体看多或者看跌这种极端情绪状态，那么我们就会采纳技术层面上的背离信号。

图 8-4　汇价和 MACD 的顶背离

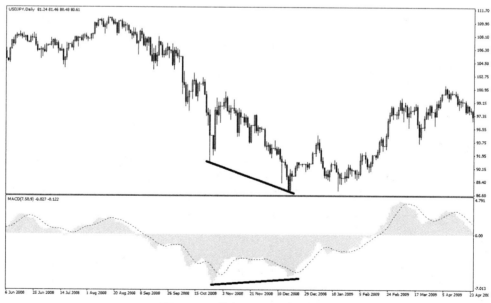

图 8-5　汇价和 MACD 的底背离

　　下面我们分情况具体介绍这种相互验证方式的运用，以 MACD 和汇价在 1 小时走势图上的背离为例，心理分析采纳类似于投机者情绪指数（SSI）的指标。

　　第一种情况是 1 小时走势图上的欧元兑美元汇价与 MACD 出现了顶背离，也就是汇价创出新高，而 MACD 信号线却逐渐走低。与此同时，投机者情绪指数表明绝大多数小额交易者在做多欧元兑美元，而散户往往是市场走势的反向指标。这两个信号结合在一起就表明了欧元兑美元接下来倾向于转势。

　　第二种情况是 1 小时走势图上的欧元兑美元汇价出现了底背离，也就是汇价创出新低，而 MACD 信号线却逐渐走高。与此同时，投机者情绪指数表明绝大多数小额交易者在做空美元，这是一个反向指标，表明市场进一步做空的能力衰竭，因为能够进场的空头基本进场，新进场资金有限。这两个信号结合在一起就表明欧元兑美元接下来趋于上涨。

　　当然，还有可能就是信号暂时没有得到验证，保守的交易者就应该等待真正符合上述情况的行情出现或者是加入另外的信息验证，又或是建立很小的仓位，等待市场的进一步验证。

第三节　高度相关货币对走势的相互验证

　　货币之间具有比较明显的联系，特别是因为地缘或者经济上的关系形成的高度相关性。相互验证除了前面两节提到的"纵向验证"之外还存在所谓的"横向验证"。什么是"横向验证"呢？主要指"跨空间相关性"的运用。在本小节我们主要介绍货币对之间的相关性与相互验证的关系。

　　货币相关性高低与驱动因素关系密切，某些相关性与货币所在国的经济结构有关，比如商品货币。某些以初级产品和原材料出口为主的国家的货币具有相同的波动节奏，比如加拿大的加元、澳大利亚的澳大利亚元、新西兰的纽币，以及某种程度上英国的英镑，因为英国是发达经济体中少有的石油出口国。

　　有些货币对相关性与地缘邻近性以及经纪上的密切往来有关，比如欧系货币、美系货币等。西欧的英国、瑞士以及欧元区国家之间不仅地理上邻近，经济上依赖性又很强，所以这些国家之间的货币往往具有高度的相关性。

　　不过，这里仍旧需要明白一个原理，那就是相关性之所以存在是相同的因素作用，一旦差异性因素开始占据主导作用时，这些货币的相关性也就下降了。比如，如果英国经济疲软，央行准备降息，而欧元区却可能因为抑制通胀的需要存在进一步加息的预期，这样英镑兑美元与欧元兑美元的相关性就会大幅下降。

还有些货币对的相关性与相同的对手货币有关，比如说有的直盘货币具有联动性。例如澳元兑美元与欧元兑美元的相关性有时候很显著，就是因为在澳大利亚和欧元区经济状态没有出现很大差别的时候，主要是美国经济状态决定了这两个货币对的走势，因此就可能出现非美货币走势一致的情况。

货币对的相关性具有阶段性特征，也就是说其相关性并不是恒定不变的，所以能够随时关注相关性的渐变和突变对于交易者而言是非常重要的。相关性的渐变表明了共同因素的渐变，相关性的突变则表明差异因素的突然出现，通过观察相关性的变化趋势和速率，可以反过来提醒我们寻找那些潜在的驱动面重大变化。

货币对的相关性怎么基于相互验证原理进行运用呢？第一，我们首先要观察近期不同时间框架下货币对的相关性（见图 8-6~ 图 8-9），找到与所交易货币对最相关的货币。比如图 8-9 中的 AUDUSD 在周框架上与 USDCAD 和 USDCHF 的相关性非常高，但在日框架上与 USDCHF 相关性不高（见图 8-8）。所以，如果你从事日线以上的交易，那么应该选择 AUDUSD 与 USDCAD 相互观察，作为相互验证的首选。

	AUDUSD	EURJPY	EURUSD	GBPUSD	NZDUSD	USDCAD	USDCHF	USDJPY	
AUDUSD	100.0	43.7	36.1	-0.8	51.4	-69.7	3.7	-13.6	AUDUSD
EURJPY	43.7	100.0	93.3	52.5	-27.5	-78.3	-46.5	-62.3	EURJPY
EURUSD	36.1	93.3	100.0	58.3	-38.1	-76.5	-45.6	-84.6	EURUSD
GBPUSD	-0.8	52.5	58.3	100.0	-41.5	-30.8	-14.6	-55.0	GBPUSD
NZDUSD	51.4	-27.5	-38.1	-41.5	100.0	6.5	45.1	44.0	NZDUSD
USDCAD	-69.7	-78.3	-76.5	-30.8	6.5	100.0	36.5	58.2	USDCAD
USDCHF	3.7	-46.5	-45.6	-14.6	45.1	36.5	100.0	36.0	USDCHF
USDJPY	-13.6	-62.3	-84.6	-55.0	44.0	58.2	36.0	100.0	USDJPY
	AUDUSD	EURJPY	EURUSD	GBPUSD	NZDUSD	USDCAD	USDCHF	USDJPY	

图 8-6　主要货币对 5 分钟走势相关程度

	AUDUSD	EURJPY	EURUSD	GBPUSD	NZDUSD	USDCAD	USDCHF	USDJPY	
AUDUSD	100.0	28.5	60.0	33.9	56.8	-54.4	25.3	-9.6	AUDUSD
EURJPY	28.5	100.0	61.3	15.0	-35.7	-80.7	82.1	79.8	EURJPY
EURUSD	60.0	61.3	100.0	38.7	27.5	-66.5	40.3	1.5	EURUSD
GBPUSD	33.9	15.0	38.7	100.0	48.8	10.7	-30.1	-10.7	GBPUSD
NZDUSD	56.8	-35.7	27.5	48.8	100.0	19.0	-48.6	-66.2	NZDUSD
USDCAD	-54.4	-80.7	-66.5	10.7	19.0	100.0	-86.4	-51.6	USDCAD
USDCHF	25.3	82.1	40.3	-30.1	-48.6	-86.4	100.0	73.2	USDCHF
USDJPY	-9.6	79.8	1.5	-10.7	-66.2	-51.6	73.2	100.0	USDJPY
	AUDUSD	EURJPY	EURUSD	GBPUSD	NZDUSD	USDCAD	USDCHF	USDJPY	

图 8-7 主要货币对 1 小时走势相关程度

	AUDUSD	EURJPY	EURUSD	GBPUSD	NZDUSD	USDCAD	USDCHF	USDJPY	
AUDUSD	100.0	81.1	77.4	81.7	0.4	-84.9	21.8	16.8	AUDUSD
EURJPY	81.1	100.0	89.1	71.1	4.4	-78.2	10.7	34.2	EURJPY
EURUSD	77.4	89.1	100.0	68.0	25.9	-64.4	-20.8	-12.1	EURUSD
GBPUSD	81.7	71.1	68.0	100.0	-0.3	-66.5	23.2	14.5	GBPUSD
NZDUSD	0.4	4.4	25.9	-0.3	100.0	27.2	-84.7	-44.1	NZDUSD
USDCAD	-84.9	-78.2	-64.4	-66.5	27.2	100.0	-49.9	-37.2	USDCAD
USDCHF	21.8	10.7	-20.8	23.2	-84.7	-49.9	100.0	66.1	USDCHF
USDJPY	16.8	34.2	-12.1	14.5	-44.1	-37.2	66.1	100.0	USDJPY
	AUDUSD	EURJPY	EURUSD	GBPUSD	NZDUSD	USDCAD	USDCHF	USDJPY	

图 8-8 主要货币对日线走势相关程度

	AUDUSD	EURJPY	EURUSD	GBPUSD	NZDUSD	USDCAD	USDCHF	USDJPY	
AUDUSD	100.0	65.9	88.0	81.1	88.5	-92.5	-93.5	-78.0	AUDUSD
EURJPY	65.9	100.0	85.9	82.2	58.4	-72.0	-61.3	-28.2	EURJPY
EURUSD	88.0	85.9	100.0	90.8	79.9	-83.5	-86.4	-73.2	EURUSD
GBPUSD	81.1	82.2	90.8	100.0	73.4	-84.1	-77.2	-60.7	GBPUSD
NZDUSD	88.5	58.4	79.9	73.4	100.0	-74.4	-85.3	-72.2	NZDUSD
USDCAD	-92.5	-72.0	-83.5	-84.1	-74.4	100.0	85.2	61.4	USDCAD
USDCHF	-93.5	-61.3	-86.4	-77.2	-85.3	85.2	100.0	80.2	USDCHF
USDJPY	-78.0	-28.2	-73.2	-60.7	-72.2	61.4	80.2	100.0	USDJPY
	AUDUSD	EURJPY	EURUSD	GBPUSD	NZDUSD	USDCAD	USDCHF	USDJPY	

图 8-9 主要货币对周线走势相关程度

　　第二，如果我们选择交易 AUDUSD，那么应该等待 USDCAD 出现相同级别的反向突破或者相同的重要形态再交易 AUDUSD。比如，如果 AUDUSD 向上突破了 20 日高点，但 USDCAD 虽然也在下跌却还处在 20 日低点之上，那么 AUDUSD 的突破信号有效性就较低。

第三，有时候相关的另外一个货币可能提供了预警信号，相当于先行指标，比如上面这个 AUDUSD 向上突破 20 日高点的例子，可能就表明 USDCAD 随后跌破 20 日低点的可能性很大。

第四，前面讲到了高度相关货币可以作为先行指标，反过来将高度相关货币也可以作为滞后指标，帮助我们确认某些突破的有效性。当稍微弱势的高度相关货币也创出新高时，就表明我们此前介入强势货币的做法的胜算率提高了，这时候可以帮助我们坚定持仓或者进一步增加仓位。

货币相关性的数据可以从 Dailyfx.com 网站上查询，不过这些数据更新较慢，更为及时的相关性数据可以从 Mataf.net 网站上查询（具体网址是 www.Mataf.net）。

第四节　澳元和商品走势相互验证

从本节到第七节涉及了外汇市场和非外汇市场走势验证问题，也就是说更大范围的跨空间验证，或者简称为"跨市场验证"。跨市场验证存在多种类型，我们仅就外汇市场相关的跨市场验证进行了探讨。以外汇市场为中心的跨市场验证主要有"外汇—商品期货市场相互验证""外汇—股票市场相互验证""外汇现货—外汇期货市场相互验证""外汇现货—外汇期权市场相互验证""外汇—债券市场相互验证"等，我们先扼要介绍一下这五种类型的跨市场验证，其中以澳元和黄金是比较典型的"外汇—商品期货市场相互验证"实例。

"外汇—商品期货市场相互验证"涉及的货币对是非常广泛的，不仅与商品货币有关，也就是说绝不是只有商品货币与商品期货市场的表现相关。人民币其实与商品期货市场的表现是密切相关的，由于中国目前是增长最快的大宗商品进口国，所以**人民币利率和汇率的变化都会影响到商品期货市**

铁矿石是澳元走势的有效领先指标之一，这个大家要有意识地运用。另外，澳大利亚的房地产市场也要关注，对澳元走势影响密切。从宏观来讲，中国经济数据对澳元的趋势有显著影响。

场的表现，进而影响到澳元等商品货币的表现。

这个传递过程是非常快的，以至于看起来似乎是同步发生的。如果中国人民银行收紧银根，也就是提高存款准备金率，或者是公开市场操作发行央票回升流动性，又或者是提高基准利率，这些都会紧缩经济，从而影响对大宗商品的需求，而这些将影响国际期货市场的走势，所以人民币与商品市场的走势是可以相互验证的。

美元是国际大宗商品的标价货币，原油、黄金、铜等战略性资源产品主要以美元标价，因此，**美元价格的变化会影响到这些大宗商品的定价**（见图 8-10 和图 8-11），**进而也就会影响到澳元和纽币等商品货币的汇率**。同时，美国加息会影响美国的币值，因为这减少了市场上流通美元的数量，而且也增强了美国国债的收益率和吸引力，减少了美国经济对大宗商品的进口需要，也降低了大宗商品对国际游资的吸引力，因此

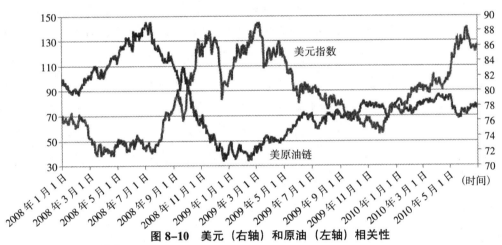

图 8-10 美元（右轴）和原油（左轴）相关性

资料来源：冠通期货。

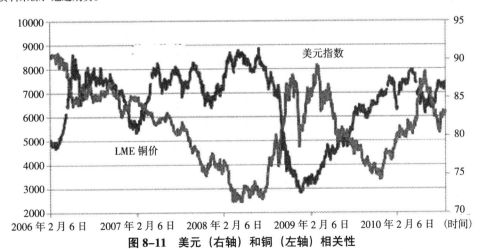

图 8-11 美元（右轴）和铜（左轴）相关性

资料来源：童长征：《美元指数指引金属价格走向》。

大宗商品价格就会下降，而这会传递到商品货币上。这里需要注意的是美元币值本身的变化已经促使美国经济体对商品需求的变化，以及游资配置需求的变化综合起来发生了作用。

日元是一种出口型货币，一方面是因为日本是外向型转口经济，从国际市场上购入原料，加工后再出口，因此日元容易受到大宗商品，特别是原油价格变动的影响；另一方面是因为天然橡胶价格与日本汽车制造业的表现密切相关。国际原油价格的变动会引发日元汇率的变化，特别是英镑兑日元的变化。

为什么是英镑兑日元呢？英国在北海地区拥有的油气资源非常丰富，超过了自身的需求，因此英国实际上是一个以金融业和能源工业为主的经济体。国际油价上涨的时候，英国经济往往因此受益，而日本经济则因此受损，因此原油变动时英镑兑日元的波动是非常显著的。另外，日本是非常重要的汽车生产国，而天然橡胶是汽车工业的重要原材料，所以东南亚天然橡胶供给的变化会影响到日本支柱产业的发展。

总而言之，就"外汇—商品市场相互验证"的角度而言，交易日元的时候应该同时关注原油和橡胶市场的变化。需要补充的一点是，波罗的海海运指数也对日本经济有一定的影响，大家可以从凤凰网上查到相关的海运价格指数，它一方面反映了世界经济的繁荣程度，另一方面反映了全球物流成本。为什么需要关注这一指数呢？因为日本经济高度依赖于全球经济，其国际贸易份额占国内生产总值的比例非常高，所以全球经济的变化会非常显著地影响到日本经济。

纽币代表的是一个传统的农业出口国，因为新西兰的产业以初级产品为主，所以国际市场农产品价格的变化往往会影响到纽币汇率的变化。交易纽币的人相对较少，所以有关新西兰的经济新闻也相对较少。

加拿大与美国经济一体化程度非常高，不过加拿大的经济还是以原材料出口为主，所以木材期货等商品价格的变化会影响到加拿大元的汇率。但是，相对而言美国经济对加拿大元的影响更大，所以先行发布的加拿大经济数据有时候可以当作是后发布的美国经济数据的提示，这个就为交易数据行情的交易者提供了方便。

澳元与金价的变化相关度非常高，所以国际市场黄金价格的变化往往与澳元汇率变化相关（见图8-12），由于黄金是以美元标价的，所以澳元兑美元的汇率变动与金价的相关性很高。另外，澳元与原油走势也就有较高的相关性（见图8-13）。交易澳元的交易者可以参考国际金价的变化，但是我们切不可认为交易澳元要关注的商品仅仅是黄金。其实，真正与澳元走势相关的可能是CRB等一系列商品价格综合指数，罗杰斯的商品价格指数也可以关注。

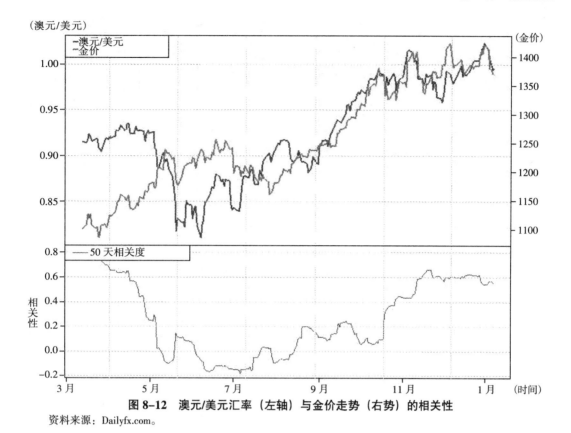

图 8-12 澳元/美元汇率（左轴）与金价走势（右势）的相关性

资料来源：Dailyfx.com。

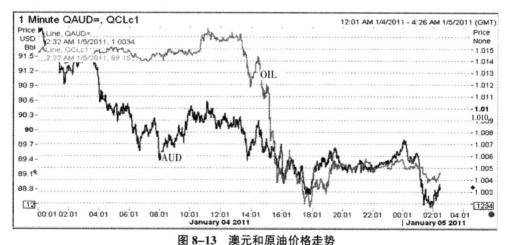

图 8-13 澳元和原油价格走势

资料来源：NYMEX 和路透社。

澳大利亚的经济与矿产高度相关，所以有关矿产业的情况都会影响到澳元走势。比如，针对矿产业的国内立法会显著影响澳元。除此之外，中国经济对澳元影响非常大，因为中国经济是澳大利亚出口的主要吸收者。澳元与商品市场走势密切相关，是

"外汇—商品期货市场相互验证"的典型，因为这个相关性众人皆知，所以本节标题是以澳元和金价为题展开的。

"外汇现货—外汇期货市场相互验证"涉及的相互验证比较直接，主要是看美国外汇期货市场持仓的比率和相应的变化趋势，美国外汇期货市场的数据可以从 CFTC 的 COT 报告中看到，在汇通网和 Dailyfx 网上都可以查到。运用的方法类似于震荡指标的区域策略，也就是说将持仓水平分为"超卖、合理、超买"三个区域，一旦持仓达到历史新高或者新低，那就意味着反转可能发生。另外，期货持仓反映了大型机构的看法，一般较散户更为有效，所以当期货持仓在合理水平的情况下往往表明市场将同向运动。

"外汇现货—外汇期权市场相互验证"主要涉及看涨看跌期权的比率，或者说风险逆转，另外，期权的隐含波动率也是趋势性质的较好指标。风险逆转从 Dailyfx 网站可以获得，这是少数提供风险逆转数值和分析的网站，而期权隐含波动率则需要从路透社等专业财经网站获得，大家可以利用布林带组来代替，效果类似。关于外汇现货和期权市场相互验证的具体策略大家可以参考《外汇交易三部曲》的专门章节，这里不再赘述。

"外汇—股票市场相互验证"将在本课第五节介绍，而"外汇—债券市场相互验证"则将在本课第六节介绍。

关于"外汇现货—外汇期货市场相互验证"大家可以参考《外汇交易进阶》和《外汇交易三部曲》的专门章节，也可以参考《反向意见》和拉瑞·威廉姆斯的《与狼共舞》两本引进版专著，这两本书都是针对期货持仓分析的。

第五节　高息资产的相互验证：股市和高息货币

"外汇—股票市场相互验证"到底存在什么样的关系一直是最近外汇交易界争论的话题，而且这个领域现在也出现了新的问题，那就是国内 A 股市场与国际外汇市场究竟有没有稳定的关系。在本节，我们着重从风险偏好和收益差的角度来介绍外汇和股票市场的相互验证问题。

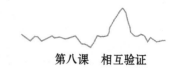

　　股票相对现金和债券而言是一种高收益率资产，当然也就是风险更高的资产，这意味着股票在风险喜好盛行的时候更加受到追捧。在剔除通胀影响的前提下，现金的收益是零，债券的收益率高于现金，但是股票的预期收益率往往高于债券。

　　但是，高收益往往伴随着高风险，这是金融学上的一个规律。持有股票的风险往往大于持有债券的风险，而持有债券的风险则往往大于持有现金的风险。因此，**在一个流动性过剩的环境中，交易者往往会追逐股票而放弃现金，这时候风险喜好代替风险厌恶占据主导**。

　　所以，在全球风险喜好盛行的时候，股票市场往往比债券市场更受欢迎。在全球风险厌恶盛行的时候，债券市场往往比股票市场更受欢迎，这是下一节将要详细介绍的内容。同时，我们还要注意一点，股票市场内部也存在风险—收益的差别排列。比如发达国家股票市场的期望收益率要整体低于新兴市场国家股票市场，但是发达国家股票市场的风险程度（往往用方差等指标来衡量）则低于新兴市场国家股票市场。

　　因此，当全球风险喜好情绪高涨的时候，新兴经济体的股票市场比成熟经济体的股票市场涨得更高、更快，而在全球风险厌恶情绪占据主导的时候，新兴经济体的股票市场就比成熟经济体的股票市场跌得更凶。

　　从上面这段分析当中，大家应该明白，**风险偏好和收益率是全球资本流动的关键驱动因素**，而股票市场作为一个整体是风险喜好氛围下的追逐对象，因为股票市场作为一个整体代表了高收益—高风险的组合。

　　世界上比较有代表性的股票市场分为两组，第一组是发达国家股票市场，主要以道琼斯工业指数（见图 8-14），标准普尔 500 指数（见图 8-15）、纳斯达克指数（见图 8-16）、DAX 指数（见图 8-17）、《金融时报》100 指数（见图 8-18）以及日经 225 指数（见图 8-19）来衡量；第二组则是新兴经

　　任何资产价格的变化都要与风险情绪和收益差挂钩，这样你就能比一般交易者的洞察力更加敏锐。

济体股票市场，主要以巴西股票指数（见图 8-20）、中国 A 股股票指数（见图 8-21）、印度股价指数（见图 8-22）来衡量。

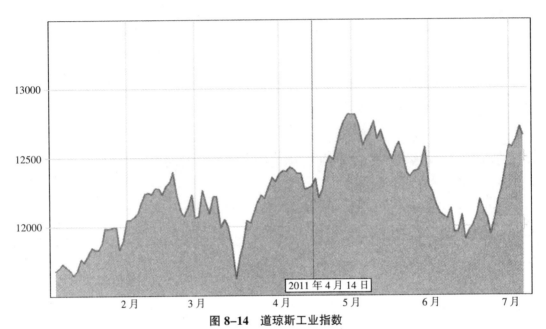

图 8-14　道琼斯工业指数

资料来源：彭博财经。

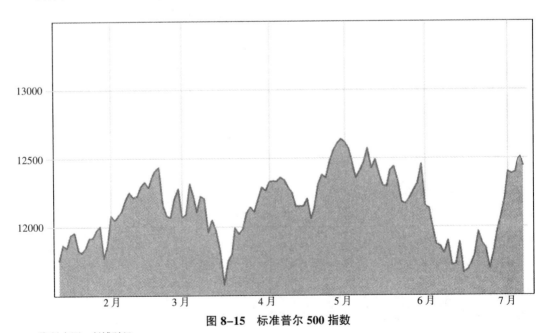

图 8-15　标准普尔 500 指数

资料来源：彭博财经。

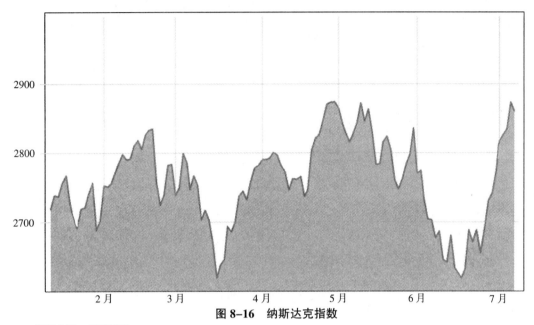

图 8-16　纳斯达克指数

资料来源：彭博财经。

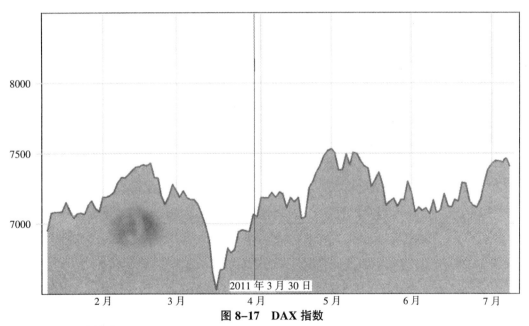

图 8-17　DAX 指数

资料来源：彭博财经。

顺势而为：外汇交易中的道氏理论

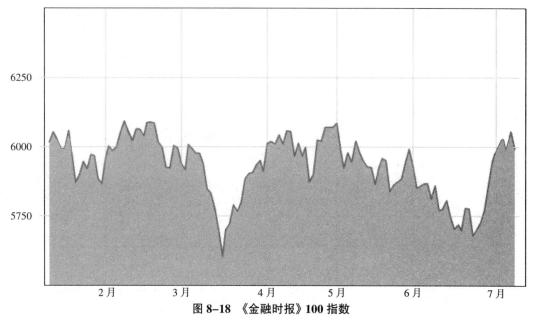

图 8-18　《金融时报》100 指数

资料来源：彭博财经。

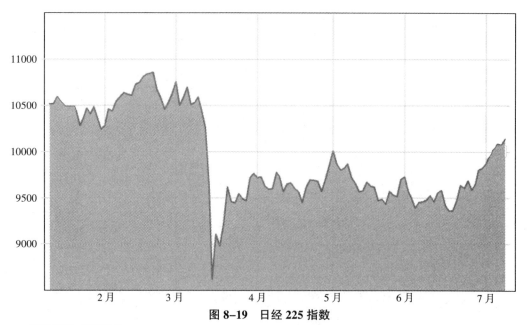

图 8-19　日经 225 指数

资料来源：彭博财经。

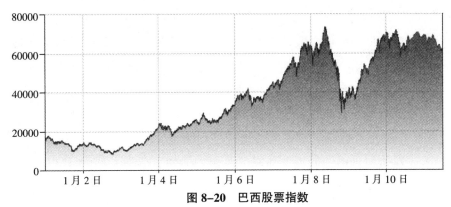

图 8-20　巴西股票指数

资料来源：http：//www.tradingeconomics.com。

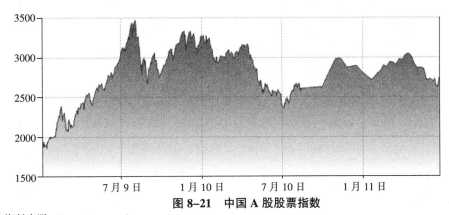

图 8-21　中国 A 股股票指数

资料来源：http：//www.tradingeconomics.com。

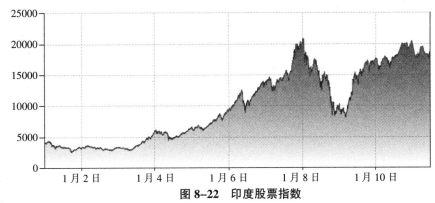

图 8-22　印度股票指数

资料来源：http：//www.tradingeconomics.com。

　　另外，我们还需要注意的是高科技股票与公共事业股票各自代表了不同的收益—风险水平，因此当纳斯达克上市的高科技股票在下跌的时候，道琼斯公共事业指数代表的股票可能只是微跌甚至上涨。

我们已经大致厘清了股票市场与风险偏好和收益率的区别，现在我们要将这个关系与外汇市场对接起来。此前，我们已经知道了高息货币与风险喜好对应，而低息货币与风险厌恶对应。

因此，股票市场往往与高息货币同向运动。比如 2011 年 7 月 2 日，一则题为《商品货币受追捧，澳元/美元收 5 月 12 日来高点》的新闻："周五（2011 年 7 月 1 日）纽约时段，美国公布经济数据后，市场风险情绪受到激发，澳元、加元等商品货币表现出众，澳元/美元在纽市盘中连刷近期新高，收盘 1.0777，位于 5 月 12 日以来的新高。美国供应管理协会（ISM）周五公布数据显示，美国 6 月 ISM 制造业采购经理人指数（PMI）为 55.3，高于预期的 51.9，上月值为 53.5。此外，**本周股市大涨也为澳元提供支撑**，美国三大股指本周涨幅均超过 5%。纽市盘中，澳元/美元从 1.0680 一线强劲上扬，最高触及 1.0789，5 月 12 日以来的高点，收盘在 1.0777 附近。"

进一步分析可以发现，股票市场中的新兴经济体股票和高科技股票与高息货币同向运动，综合而言，新兴经济体股票市场，纳斯达克股票市场，高科技股票与澳元、纽币等高息货币的联动性较强。我们在从事高息货币分析和交易的时候，一定要关注主要股票市场的表现，这些可以从某些期货软件中获得。

我们举一个例子，在大多数时候，欧元区的利率都高于美国，因此在这种情况下美元相对于欧元是高息货币，而标准普尔指数代表的股票市场相对债券而言也是高息资产。那么，标准普尔指数与欧元兑美元的走势应该具有较高的相关性（见图 8-23）。

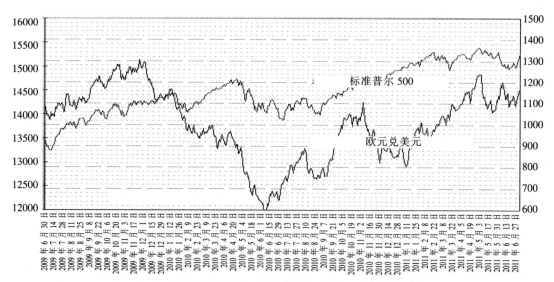

图 8-23 标准普尔指数（左轴）与欧元兑美元（右轴）的走势

资料来源：Global View。

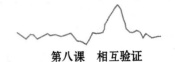

某些外汇分析师将欧元兑美元，或者是美元兑日元加上道琼斯指数作为外汇市场的风险偏好指标，这是基于同样的道理，因为欧元相对美元是高息资产，而美元相对日元也是高息资产，道琼斯指数代表股票市场也属于高息资产。

中国 A 股市场是新兴市场的典型金融市场，是高风险和高收益的代表，因此不可避免地会在资本管制宽松的情况下与国际市场形成联动。由于存在很多方法可以规避资本管制，比如延迟结汇、地下钱庄等，所以国际资本进出中国 A 股市场并不十分困难。

既然国际资本可以在中国内地和全球其他地区之间流动，那么肯定会在收益和风险之间遵循同样的选择，因此全球风险偏好情绪的变化肯定会影响到 A 股市场的投资者。次贷危机之前，套息交易盛行。日本央行和美联储放出了大量的流动性，外汇占款激增让中国人民银行被动放松银根，从而刺激 A 股疯狂上涨。随着美联储收缩银根，房贷泡沫刺穿，世界经济陷入紧缩，这就使得避险交易抬头，这种情况下 A 股市场遭到抛售。

> 国际资本流动，除了观察美元之外，还需要观察日元。

第六节　低息资产的相互验证：美、德国债和低息货币

本节我们主要介绍债券市场和外汇市场的相互验证。债券市场是一个固定收益市场，相对于股票市场而言，这是一个低收益低风险市场，因此债券在风险厌恶盛行的时候会更受市场追捧。但是，债券市场本身也是一个复杂的收益—风险组合，里面存在各种收益—风险结构的产品，比如主权债券，地方政府债券，优质公司债券和垃圾公司债券，这就使得债券本身也会因为其收益—风险结构的差异而出现不同的变动幅度。

穆迪等评级机构（见图 8-24）对主权债务进行评级，美国债券和德国债券的级别往往是最高的，代表着最优质的信

顺势而为：外汇交易中的道氏理论

用，因为它们违约的可能性很小，因此这些国家发行主权债券的融资成本很低，也就是说它们提供的国债利率很低。当然，这个利率是随着国债买卖而变动的，当风险厌恶上升的时候，这些国债的市场利率是降低的，因为投资者们涌入这些国债避险，这就提高了债券市场价格，进而降低了债券利率。

图 8-24　世界两大评级机构：标普和穆迪

　　接下来看在两种情况下美国债券的走势。第一种是风险厌恶增加时，这时候避险情绪上升使得资金涌入美国国债。2011 年 2 月 19 日，一则题为《中东局势依旧紧张，美债收高》的新闻反映了这一情况："因投资者尝试性买入风险资产，进而打压美国国债价格周一（2011 年 2 月 13 日）收盘下跌，收益率走高。DeCarley Trading 公司资深分析师 Carley Garner 表示，近期价格走势显示，若股市不出现恐慌或全球政治环境无明显恶化，债市有兴趣的买家将会枯竭。换句话说，在收益率极低的情况下，投资者看似更愿意持有现金或风险较高的证券。Garner 还表示，国债价格已经走到这样的水平，在成交量匮乏以及不确定性相当大的情况下，看似在买家干涸前，最后一些投机客也将被出脱短期仓位。标准普尔周一将希腊信贷评级下调三个级距。该机构称，希腊重组债务的可能性上升，标普认为重组债务就是违约的一种形式。"

　　第二种是风险喜欢情绪上升时，资金将流出美国国债。2011 年 7 月 2 日，一则题为《制造业数据强劲，美债收盘下跌》的新闻反映了这一情况："因美国制造业增幅超过预期，进而提供了美国经济疲弱可能不会太长时间的一些证据，美国国债价格周五（2011 年 7 月 1 日）下跌。美国供应管理协会（ISM）公布的数据显示，美国 6 月 ISM 制造业采购经理人指数为 55.3，超出经济学家预期的 51.9。制造业数据带动股市大涨，美国三大股指涨幅均超过 1%，促使投资者远离美国国债市场。美国指标 10 年期国债收益率创下近两年来最大单周涨幅，因希腊债务违约的可能性减小，而且美国制造业数据良好。三菱东京日联银行驻纽约首席金融分析师 Chris Rupkey 表示，经济通过了临界点，2011 年下半年经济有望恢复逾 3%的增幅。Capital Economics 驻多伦多美国分析师 Paul Dales 表示，美国 6 月 ISM 制造业指数温和反弹，将缓解人们对美国经济将出现双底衰退的担忧。2 年期美国国债收盘下跌 01，报 99 24/32，收益率报 0.49%；5 年期美国国债收盘下跌 02/32，报 98 19/32，收益率报 1.80%。10 年期美国国债收盘下跌 07/32，报 99 12/32，收益率报 3.20%；30 年期美国国债收盘下跌 12/32，报 99 19/32，收益率报 4.40%。"

　　主权债券中也存在信用差别，除了美国和德国发行的优质主权债券之外，法国和日本等国家也发行一些信用稍差的国债。但在次贷危机之后"猪四国"发行的债券则属于次级债券，甚至被认为是垃圾债券。这些债券必须支付很高的利息才能被市场所接受，因此在风险厌恶高涨的时候，这些债券往往被抛售或者冷遇，因此它们的利息会上升，与优质国债的息差会扩大，也可以通过国债 CDS 来近似地了解息差扩大的情况。

　　国债 CDS 是信用违约掉期合约的一种，当某国的国债 CDS 价格升高，这表示市场认为该国未来信用违约的可能性增加（见图 8-25）。相反情况下则表明违约可能性下降，风险喜好上升，比如 2010 年 9 月 21 日，一则题为《爱尔兰 5 年期国债 CDS 息差收窄》的新闻："综合媒体 9 月 21 日报道，数据供应商 Markit 称，爱尔兰 5 年期国债的信用违约掉期（CDS）息差收窄 13 个基点，至 425 个基点，因该国此前成功发行了总额 15 亿欧元的 4 年期和 8 年期国债。Markit 还称，其他欧洲主权债券的 CDS 息差也有所收窄，因为外界关注度较低但仍很重要的西班牙和希腊国债拍卖展现了这两个国家的举债能力。希腊国债 CDS 相差收窄 10 个基点，至 815 个基点；西班牙国债 CDS 息差收窄 7 个基点，至 230 个基点。与此同时，在定于 22 日进行的葡萄牙国债拍卖前，该国国债 CDS 息差收窄 5 个基点，至 368 个基点。"

哪里可以看到 CDS 走势呢？彭博社的网站是可以看到的。

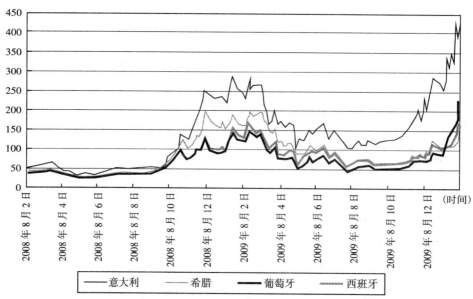

图 8-25　欧洲四国（PIGS）5 年期国债 CDS 价格变化

　　从这个角度来看，大家应该明白了为什么优质债券和次级债券之间的息差水平往往会被当作市场情绪的风向标。在 2010~2011 年的欧洲债务危机中，每当希腊国债和德国国债之间的利差扩大，欧元兑美元就会下跌，因为这意味着市场厌恶情绪高涨，高息资产遭到抛售。

　　在外汇交易中，我们通常要观察美国债券和德国债券相对于其他次级债券的走势情况，当优质国债的价格上扬时，表明避险交易取代套息交易占据主导，这时候低息货币，比如日元、瑞士法郎和美元就会受到追捧，而高息货币则会受到抛弃，比如澳元、英镑和欧元。

　　除了观察国债息差的变化，还可以观察企业债券息差的变化，因为企业债券也根据信贷情况和期限的不同存在息差，而这种息差往往也能够成为观察市场情绪和流动性的最佳信号。在流动性收紧的情况下，市场情绪开始以风险厌恶为主，这时候优质企业债券与次级企业债券的息差就会扩大。因为在流动性趋紧的情况下，市场资金有限，而信用较差的企业容易违约。这使投资者卖出次级企业债，买入优质企业债，这样就是次级债的价格下跌，利息上涨，而优质债的价格上涨，利息下跌。

　　除了观察不同信用级别债券的息差变化之外，我们还可以观察不同期限债券的息差情况，这个工具可以帮助我们判断经济周期和流动性情况，进而帮助我们判断出市场情绪偏好和资产偏好及外汇市场的动向。将不同期限的债券利率画在坐标轴上就形成了所谓的收益率曲线（见图 8-26），横轴是到期期限，纵轴是利率水平。

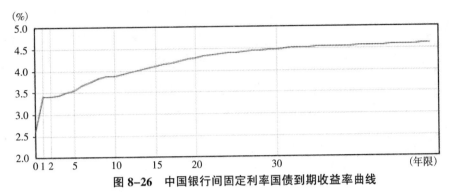

图8-26 中国银行间固定利率国债到期收益率曲线

资料来源：中国债券信息网。

如果收益率曲线的远端向上移动，则表明经济处于复苏状态。这时候流动性逐渐宽松，市场风险喜好情绪上升，股票和高息资产获得追捧。如果收益率曲线的近端向上移动，则表明经济处于繁荣状态。这时候流动性仍旧宽松但是增速逐渐放缓，市场风险信号情绪持续上涨，股票和高息资产获得追捧。

如果收益率曲线的远端向下移动，则表明经济处于滞胀状态。这时流动性开始下降，但是经济运行成本大幅上升，股票和高息资产的转折点出现。如果收益率曲线的近端向下移动，则表明经济处于衰退状态。这时流动性下降趋势减缓，风险厌恶情绪盛行，债券等低息资产受到追捧。

在低息资产受到追捧的时候，低息货币也受到追捧，所以债券是低息资产，特别是优质国债往往与低息货币是同向变动的。最为显著的例子是美元指数与美国国债在大多数情况下是同向变动的，而德国国债与美元兑欧元在大多数情况下也是同向变动的。

第七节 约翰·墨菲的跨市场分析

约翰·墨菲是CNBC的金融市场分析节目的主持人，是当今技术分析领域最主要的人物之一。他的《期货市场技术分析》一书广为人知，据说曾经入选纽约联邦储备银行的官方参考资料。他**最伟大的发明是跨市场分析**，但在介绍他的跨市场分析之前我们首先介绍一下他在技术分析的主要建树。约翰·墨菲应该是技术分析的集大成者，成就应该在约翰·迈吉之上，因为约翰·墨菲不仅罗列了一堆技术分析手段，而且对其手段进行了分类，他进一步地给出了接近实际交易需要的分析步骤，这些是绝大多数技术理论家没有着手的工作。

跨市场分析可以从两个维度展开：一是收益率；二是风险偏好。

约翰·墨菲介绍的技术工具基本上大家都已经耳闻目染过了，从常见的技术图形到重要的技术指标，从初级的 TPO 图形到高级的波浪理论分析，他囊括了几乎广为人知的技术分析工具。不过，**他最重要的贡献是提供了一个综合这些手段的分析清单**。约翰·墨菲开列的技术分析清单这张清单算不上无所不包，但是其中的确搜罗了那些最值得我们了然于胸的重要方面。下面就是约翰·墨菲的技术清单，其实站在我们的角度来看显得过分冗杂，简练下来无外乎"势、位、态"三个方面的分析：

（1）价格指数的方向如何？

（2）市场的方向如何？

（3）其在连续的周线图和月线图上，情况如何？

（4）主要趋势、中等趋势以及小趋势的方向，分别是上升、下降还是横向伸展？

（5）重要的支撑和阻挡水平在何处？

（6）重要趋势线或管道线在何处？

（7）交易量和持仓兴趣验证了价格变化吗？

（8）33%、50%、66%价格回撤位置在何处？

（9）图上有无价格跳空？它们属于何种类型？

（10）图上有无任何主要反转形态的迹象？

（11）图上有无任何持续形态的迹象？

（12）上述形态的价格目标在何处？

（13）移动平均线指向什么方向？

（14）摆动指数正处在超买或超卖状态吗？

（15）在摆动指数上有无相互背离现象？

（16）相反意见数字是否显示市场处于极端状态？

（17）艾略特波浪的形态如何？

（18）有无明显的 3 浪结构或 5 浪结构？

（19）斐波那契回撤位置及其价格目标的位置在何处？

（20）当前有无可能出现任何周期性的波峰或波谷？

（21）市场是否显示出峰值右移或左移现象？

（22）计算机趋势的方向如何？上升、下降还是横向延伸？

（23）点数图上的情况如何？

在本小节开头的时候我们已经指出约翰·墨菲最为重要的贡献不是技术工具大综合，也不是上面这张分析清单，而是他是正式提出市场间分析的第一人，他曾经专门写作过一本名为《市场间分析》的书籍，这本书在 20 世纪 90 年代初出版，此后几乎没有修订和再版。我们认为最主要的原因可能是那个时期的交易者普遍不太重视跨市场分析，即使到了今天也只有机构交易者和少数职业交易者会重视跨市场分析。我们需要强调一点，跨空间分析并不是从约翰·墨菲这里才开始被使用的，早在查尔斯·道创立两种股价指数并提出相互验证原理的时候，跨空间分析就已经初具雏形，只是到了墨菲这里才具体化和正式化。另外，墨菲的跨空间分析主要集中在其他市场与股票市场的联系上，而相互验证原理其实有更广泛的运用。

约翰·墨菲在最近十年发展了他的跨市场分析体系，并且在中文版的《按图索金》中专门花了 3 章来介绍这一分析方法，大家从这 3 章的目录可以很清楚地发现墨菲提出的市场间分析有几个要点：第一，从第 7 章的内容可以发现，墨菲非常注重资产市场的轮动，而这与一个经济体的经济周期有关（见图 8-27）；第二，墨菲关注的是债券和商品市场对股票市场的影响（见图 8-28）；第三，墨菲对外汇市场的关注较少，基本上只涉及了美元指数的分析；第四，墨菲也非常注重利用强弱对比分析策略，而这主要运用于不同股票板块之间，这个可以从《按图索金》的第 9 章看出来（见图 8-29）。这

第7章：市场之间的联系……………………………………………
　引言…………………………………………………………………
　三类资产之间如何互相影响………………………………………
　商品价格的重要性…………………………………………………
　关注工业价格………………………………………………………
　黄金和石油也很重要………………………………………………
　商业期刊指数（JOC）……………………………………………
　高盛商品指数………………………………………………………
　债券对股票的影响…………………………………………………
　公用事业类股票的损失意味着金属类股票的收益………………
　1995年的跨市场分析………………………………………………
　CRB指数／国库券比率……………………………………………
　国际范围……………………………………………………………
　本章摘要……………………………………………………………

图 8-27 《按图索金》目录截图（1）

第8章：股票板块
引言
纽约证券交易所（NYSE）升降线
小型股和市场广度
美元对小型股的影响
金融股和债券
与商品有关的股票
本章摘要

图 8-28 《按图索金》目录截图（2）

第9章：相对强弱和转换
引言
什么是相对强弱？
自上而下分析
相对业绩与绝对业绩
为什么要转换？
黄金类股票和相对强弱
黄金类股票与黄金
简单分析应用于相对强弱图表
板块内的转换
从一个板块转换到另一个板块
1995年末食品类股票表现出众
本章摘要

图 8-29 《按图索金》目录截图（3）

个相对强弱分析我们在本教程的第二课第三节有详细的介绍，大家可以结合起来理解。

约翰·墨菲正式提出了跨市场分析，但是我们还需要进一步发展和完善才能运用于外汇交易。从道氏理论创立开始，相互验证原理就与跨市场分析结下不解之缘，像乔治·索罗斯这样的投机巨擘基本是相互验证原理和跨市场分析的高手。那么，**外汇交易中的跨市场分析应该朝什么方向努力呢？最健全和最具效率的做法还是应该围绕收益差和风险偏好这两个要素展开，在全球股市、期市和债市上协同分析外汇走势。**在分析股市的时候重点以美国股市和A股市场为主，在分析债券市场的时候着重以欧美债市为主，在分析期货市场的时候则着重以原油、铜、黄金为主，然后与主要的货币对一起相互参验。国际期货市场上某些相关性研究都比较成熟了，比如黄金和原油（见图 8-30），所以这些方面的相互参验运用起来相对容易。

（美元/盎司）

（美元/桶）

黄金

原油

图 8-30 原油（右轴）和黄金（左轴）的走势对比

资料来源：Global View。

第八节 统计套利

统计套利是定量化交易发展的一种具体形式，著名的大奖章基金就是定量化交易和统计套利的典范。统计套利存在很多形式，我们主要围绕外汇交易展开介绍。

统计套利的第一种方式是宏观套利，这就是利用宏观经济指标和外汇走势的关系进行套利，最为常见的一种外汇宏观套利是利用息差走势与货币对之间的高度相关性进行套利，比如利用美国债券和德国债券的息差与欧元兑美元的相关性进行套利。

统计套利的第二种方式是进行套息交易，也就是借入低息货币同时买入高息货币，这也是一种基于套利模型展开的统计套利交易。

未来，以 Python 为主的程序语言将成为外汇交易者的必备工具。驱动和心理分析可以借助于网络爬虫和数据分析。

统计套利的第三种方式是利用直盘货币之间短期内的无序波动获利，比如英镑兑美元、美元兑日元、英镑兑日元之间出现了短暂的无序波动，从而提供了套利空间。这种套利方式日益普遍，因此套利空间越来越少。

统计套利的第四种方式是基于不同期限外汇期货合约进行跨期套利，这其实是利用传统商品期货市场的跨期套利方式。

统计套利的第五种方式是将不同外汇交易工具组合在一起，在对冲风险的同时提高收益，比如将外汇现货和外汇期权组合起来使用，或者将外汇期权和期权组合起来使用。

套利交易看似风险很小，但其实容易遭遇"肥尾事件"，也就是所谓的"黑天鹅事件"，比如长期资本管理公司当时设计的债券套利模型就遭遇了俄罗斯的债券违约，套利交易者必须懂得"墨菲法则"，那就是做最坏的打算。

我们对套利交易的兴趣不是很大，但是需要从套利交易中提炼出两点思想：一是重视跨空间分析，这与相互验证原理关系很大；二是重视统计相关性分析，这种分析通过简单的 Excel 或者 SPSS 工具就能实现，深入一点的分析可以利用 Evews 来实现。绝大多数外汇炒家缺乏把握相关性的能力，这使得他们对概率的把握也非常弱，所以他们迷信很多实际上并无多大把握的技术指标。

第九节　背离原理

背离是利用相互验证原理的典型信号，所谓的背离就是两种信号源出现了相反的特征。背离的基本类型是顶背离和底背离，而背离基于的两种信号源却存在很多组合。我们首先从这些信号源的组合入手介绍背离原理。

第一种背离组合是基本面和心理面的背离，比如股价指数出现历史低市盈率和市净率，而市场评论整体恐慌。格雷厄姆、巴菲特、邓普顿都是利用这种背离的高手。

第二种背离组合是心理面和行为面的背离，比如持仓量（心理面）大幅下降，但是价格（行为面）却还是上冲，这就是心理面和行为面的背离。又比如，市场一致看多，但是股价指数却出现了掉头向下的 N 字头，这也是一种心理面和行为面的背离。

第三种背离组合是基本面和行为面的背离，比如上市公司的盈利持续走低，同时央行持续收缩流动性，而股价指数却还在创新高，这就是基本面和行为面的背离。当

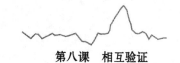

然，背离出现并不意味着价格马上就会反转，背离出现后显示顺向才是交易时机。比如，银行收缩信贷，房地产贷款连续三个季度走低，而房价继续上涨，这就是顶背离，但是并不是说房价马上就会跌，真正的做空者应该等待房价开始出现下跌信号的时候才能做空。

第四种背离组合是基本面之间的背离，比如经济增长和就业数据出现不一致。如美国的 GDP 数据和采购经理人指数都出现了积极信号，但是就业数据是下滑的，那么经济复苏就不能被确认。

第五种背离组合是心理面之间的背离，比如代表外汇市场散户情绪的投机者情绪指数（SSI）与代表外汇市场主力情绪的 COT 持仓报告出现了矛盾的信号，这就是心理面之间的背离。

第六种背离组合是行为面之间的别离，这里面又分为好几种情况。第一种情况是不同市场价格走势之间的背离，比如相关性很高的澳元和纽币之间出现走势背离，或者是道琼斯工业指数与纳斯达克指数之间出现背离，或者是澳元与黄金出现走势背离、英镑与原油出现走势背离、美元与美国国债出现走势背离等。第二种情况是价量之间的背离，比如价格和成交量、价格与动量指标，再比如价格与 MACD 或者 RSI 指标的背离，这是众所周知的背离。第三种情况是技术指标之间的背离，比如 KD 与 MACD 的背离等。

背离是一个提醒信号，此后价格的顺向是一个确认信号，然后才是交易信号。我们在《外汇交易圣经》和《外汇交易三部曲》中提到的"提醒信号，确认信号，交易信号"也可以延伸到背离交易中。

第九课

趋势确认

高点越来越高，低点越来越高，这样的市场就处于上涨趋势；低点越来越低，高点越来越低，这样的市场就处于下降趋势。

——威廉·彼得·汉密尔顿

切记！单个价格指数的新高点或者新低点如果没有得到另外一个指数的确认，就具有欺骗性。

——罗伯特·雷亚

第一节　2B 信号

"顺势而为"是本书的标题也是交易者们孜孜以求的最高境界，但是如何做到"顺势而为"却是一个非常困难的问题，这个问题可以分解为两个更小的问题，那就是"如何识别趋势"以及"如何跟随趋势"。识别趋势是道氏理论解决的问题，而跟随趋势则是杰西·利弗摩尔和理查德·丹尼斯解决的问题。

识别趋势可以进一步分解为如何识别趋势的开始（反转或者结束）和持续。本小节介绍的 2B 信号主要是用来识别趋势反转的，当然大家还可以利用上一课最后一节介绍的"背离原理"，**背离与 2B 和 N 字信号结合起来使用可以让你的交易绩效大幅提升**，而持续信号则主要依靠 N 字信号来解决。

无论是日线级别以上的交易还是日内交易，背离和 2B 顶底都是非常有效的形态。

在道氏理论中，N 字信号和 2B 信号都已经具备了，到了道氏理论第四代掌门人杰克·施耐普这里开始正式确立了趋势确认的两个基本信号和一条根本原则。所谓的两个基本信号就是 2B 信号和 N 字信号，所谓的一条根本原则就是相互验证的原则，准确而言就是高度相关的两个品种几乎同时出现了 2B 信号或者是 N 字信号。关于信号相互验证问题我们将在本课最后一小节讲解。

2B 信号分为两种：第一种是底部 2B 信号（见图 9-1），第二种是顶部 2B 信号（见图 9-2）。在一个下降趋势中，如果汇价已经创出了新低，但在后面走势的发展过程中未能保持或者稳定在新低，反而回升超过前面一个低点，这就是底部 2B 信号。在一个上升趋势中，如果价格已然创出了新高，但在后市汇价发展中未能保持或者站稳于新高，结果跌破此前一个高点，则汇价后市可能见顶，即将展开下跌行情，这就是顶部 2B 信号。

2B 法则这种说法是维克多最初提出来的，但这个法则还有另外一个称呼，这就是"空头陷阱"或者"多头陷阱"，我们称之为"败位进场点"。在道氏理论中，杰克·施耐普正式将 2B 形态作为一种潜在的趋势开始和确立的信号。2B 法则是一个重要的趋势判断方法，准确来说，2B 法则对见顶与筑底的判断非常有用。但是，**在道氏理论中 2B 信号从来不单独使用**，这点是大家需要注意的。目前 2B 法则在实战中越来越多地被用到，并且在汇市实战中，我们也看到这个法则使用度很大，精确度也较高，不失为一种有效的判断顶与底的法则。

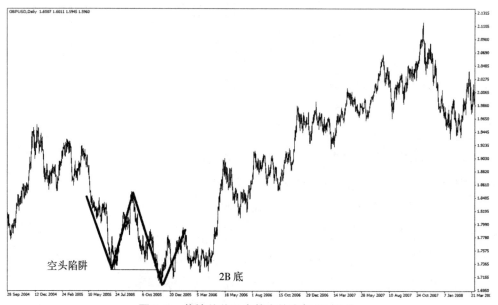

图 9-1 英镑兑美元走势中的底部 2B 信号

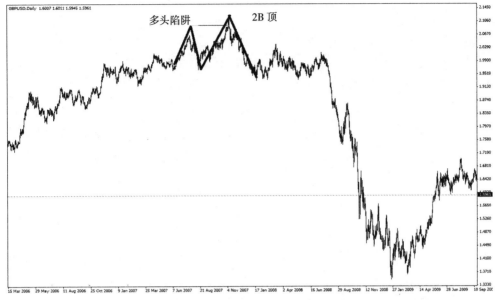

图 9-2 英镑兑美元走势中的顶部 2B 信号

在单独使用 2B 信号进行交易的时候，需要注意下列事项：

● 严格止损，严禁在浮动亏损增加的情况下继续加码。

● 趋势线被长期突破，这里必须强调长期突破。

● 逆势在关键的点位上使用必须考虑速度以及时空的概念。

● 在同一个趋势中不应该在同一水平线上第 2 次使用 2B。

● 逆势使用时必须有立即的出场计划，并随时调转枪头。这与顺势交易有较大的差别。

● 在小时级别的逆势使用中，绝不是在让趋势奔跑的时候，而是在没有趋势的时候，或是在趋势随时会被破坏的时候，又或是在趋势跑不起来的时候，除非新趋势非常强。

● 逆势出现时而且新趋势非常强，也是前一大趋势未来出现翻转的可能性大增之时。

2B 信号单边使用的时候最好在较大的时间框架上，比如日线走势上，当然日内走势也会出现 2B 交易机会，另外，关于 2B 信号更加详细的了解大家可以参考杰克·史瓦格《期货技术分析》一书中关于"空头陷阱"和"多头陷阱"的章节。

第二节　N 字信号

N 字信号是道氏理论中另外一种用来确认趋势的重要信号，这种信号在趋势开始和持续的时候都会出现，而且这个结构的发展经过了很多大师之手。我们就先看看这些大师对这个信号的定义和认识。

查尔斯·道很早就发现了趋势的一个特征是回调会创出新高，或者是反弹后创出新高。到了威廉·彼得·汉密尔顿手里这个特征被进一步明确化，而罗伯特·雷亚则对此进行了整理，最完整和清晰的描述和归纳来自杰克·施耐普之手，他将股市底部和顶部的信号归纳为 N 字和 2B 两种类型。

伟大的投机之王杰西·利弗摩尔将自己平生起落心得浓缩到了《如何从事股票交易》一书中，他在这本书中反复提到了一个"Pivot"概念，一般翻译为"枢纽点"，他告诉读者自己的交易是围绕这个概念建立起来的，如果你仔细读懂每句话，就会发现他建立试探仓位的位置恰好是第一个 N 字出现的时候（见图 9-3），也就是第一个新高或者新低创出来的时候，而顺势加仓点则是后续 N 字出现的时候。

拉尔夫·艾略特创立艾略波浪理论的时候非常注重第 3 浪的分析和研究，也就是现在所谓的"主升浪"，这其实就是 N 字结构的第 3 浪，而且最基础的波浪结构就是 N 字结构，所以艾略特与 N 字结构非常有缘。

到了现代，著名的投机大师维克多总结出了所谓的 123 结构（见图 9-4），而洛氏霍克结构也是建立在 123 结构基础上的，这些其实都与 N 字结构有密不可分的关系。

有效的背离中都含有一个 N 字结构。

图9-3　杰西·利弗摩尔往往在第一个N字出现时建立试探性仓位

图9-4　123结构

　　N字结构与大师们的关系差不多已经讲清楚了，现在告诉大家究竟什么是N字结构。N字结构分为向上N字和向下N字。向上N字表明市场走了一波上涨，然后回调，并未创新低，然后创出新高（相对前面一个高点），这就是向上N字，这里的关键是"回调没有创出新低，然后创出新高"，如果"回调创出新低，然后创出新高"，那么就变成了2B底了。

向下 N 字表明市场走了一波下跌，然后反弹，并未创出新高，然后创出新低（相对前面一个低点），这就是向下 N 字，这里的关键是"反弹并没有创出新高，然后创出新低"，如果反弹创出新高，然后创出新低，那么就变成 2B 顶了。

向上 N 字形成的时候构成了一个做多的进场点，这就是破位做多进场点；同样，向下 N 字形成的时候构成了一个做空的进场点，这就是破位做空进场点。当然，按照杰西·利弗摩尔的建仓模式，每次形成一个 N 字就是一个很好的建仓和加仓点，反过来则是平仓和减仓点。

不过这里要谈到一个比较严重的实践困扰，那就是：所有的 N 字都具有同样的价值吗？就我们的交易实践，结合道氏理论和杰西·利弗摩尔的著述来看，**长期下跌后的向上 N 字比上涨途中和下跌不深时的向上 N 字有效得多，长期上涨后的向下 N 字比下跌途中和上涨不高时的向下 N 字有效得多**。按照道氏理论和利弗摩尔的做法，他们往往对**第一个反向 N 字**非常重视。更为重要的是**道氏理论还要求 N 字之间的相互验证，或者是 N 字结构与 2B 结构的相互验证**。

第三节　多重参验和相互确认

道氏理论的核心在于两跨分析，第一是跨时间分析，通过在日线上看行情来摆脱日内杂波的影响，通过三重市场结构来解剖行情，从而得出趋势。第二是跨空间分析，通过两种指数的相互参验来确认趋势的开始和结束。

道氏理论的相互参验比较简单，但是没有几个道氏理论家和实践者把这个问题搞清楚。道氏理论的相互参验其实就是两种指数之间趋势确立信号的相互参验。

道氏理论第四代掌门人杰克·施耐普归纳为两种典型的情况：第一种情况是 N 字结构和 N 字结构的确认（见图 9-5），也就是说一个指数出现了向上 N 字，得到了另外一个指数出现的向上 N 字的确认，这样上升趋势就确立了。或者是一个指数出现了向下 N 字，得到了另外一个指数出现的向下 N 字的确认，这样下降趋势就确立了。第二种情况是 N 字结构和 2B 结构的确认（见图 9-6），也就是一个指数出现了向上 N 字，与此同时另外一个指数出现 2B 底，或者是一个指数出现了向下 N 字，与此同时另外一个指数 2B 顶。

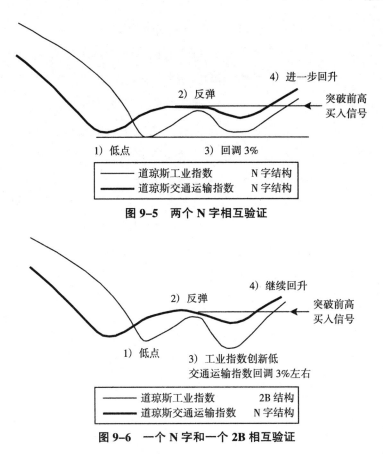

图 9-5 两个 N 字相互验证

图 9-6 一个 N 字和一个 2B 相互验证

在实际交易中还可能出现第三种情况，那就是 2B 结构与 2B 结构的相互确认，具体而言就是一个指数的 2B 底得到了另外一个指数的 2B 底确认，或者是一个指数的 2B 顶得到了另外一个指数的 2B 顶的确认。

现在，我们需要转到外汇市场上相互验证的问题，这里就存在如何选择验证标的的问题。根据之前谈到的问题，以澳元兑美元汇率为例说明如何具体运用 2B 和 N 字两种趋势确立信号。

第一种相互验证可以基于两种高度相关的汇率，比如澳元兑美元可以与美元兑加元进行相互验证，当澳元兑美元出现 N 字底的时候，加元兑美元也出现了 N 字底，这就表明澳元兑美元确立了向上趋势，至少可能性非常大，从概率上来说值得我们建立趋势跟踪的底仓。

第二种相互验证可以基于一种汇率和一种商品期货（或者是现货）走势，比如澳元兑美元可以与 CRB 指数进行相互验证。

第三种相互验证可以基于一种汇率和一种股价指数，比如澳元兑美元可以与澳大利亚综合股票指数进行相互验证。

第四种相互验证可以基于一种汇率和一种债券走势，比如澳元兑美元可以与澳大利亚国债走势进行相互验证。

其实，道氏理论的伟大之处在于它兼具了实践性和理论性，理论上非常完整，实践中也能迁移和变通，这就是它的奇妙之处。在外汇交易的相互验证中大家还可以发挥自己所长进行创新，这里给出另外一个创新和实践的方向，那就是如何将相互验证与背离统一到一个框架之内。背离涉及两种信号，而相互验证也涉及两种信号，只不过背离更多的是关于一个交易标的不同信号源的对照，而相互验证则涉及两个以上标的的对照。

大胆假设，小心求证。

水平区间

道氏理论涉及"水平区间"的理论已经被证明具有非常高的可靠性，以至于我们可以用公理而不是定量来冠名这一理论。

——罗伯特·雷亚

对日内交易者而言，在水平整理的时候介入可能要比价格已经发生了大幅度的运动时介入更加安全。

——乔治·安杰尔

第一节　达沃斯的箱体理论

道氏理论对于"水平区间"的研究其实触及了市场波动率这个核心问题，**波动率一直以来都是高手们潜心研究的一个重要市场因素，几乎所有成功的投机策略都是建立在对波动率的有效解读上**。国内 A 股市场的"横有多长，竖有多高"就是对波动率最直白的解读。

"水平区间"是道氏理论对横盘整理形态的命名，所以广义而言所有涉及横盘整理状态的理论都与"水平区间"有密切关系。不过在介绍"水平区间"之前我们有必要对区间这个定义有所了解。

在外汇市场中，价格的区间走势特别明显，往往会在类似箱体的区间里上下波动，这点与股票和期货市场有重大区别。一般的区间就是由一个高点和一个低点定义的价格波动范围，如果这个区间范围较小，而且价格两次以上触及高点和低点，则被定义

为道氏理论的"水平区间"。

由此看来"水平区间"其实是区间的某种特殊类型，是比较窄幅而持久的价格波动形成的。在外汇市场中，如果在小时走势图上跨越三个交易日存在这种"水平区间"，则意味着变盘的可能性很大。

从上面我们已经明白了"水平区间"形态是区间的特殊形式，而从区间这个角度看待外汇市场是非常符合这个市场的特征。从区间这个角度看待市场的最著名方法就是箱体理论，这个理论认为价格的波动是以箱体运动的形式出现的，其实箱体理论可以看成是阻力和支撑理论的简单化。

箱体理论中最为著名的是尼古拉斯·达沃斯创立的箱体理论，他是一位舞蹈演员，后来从事股票交易，也许天生的舞蹈步伐使得他感悟到了市场进退的节奏，这与拉尔夫·艾略特的经历类似，后者在海边疗养的时候，从潮汐进退中悟出了市场进退节奏。

达沃斯的箱体理论主要运用于股票市场，因为他是建立在股票市场运作节奏上的，所以基本是做多交易，也就是先买入后卖出，这点决定了他构筑箱体的某些独特之处。他一般取下降波段的高点和低点建立箱体（见图10-1），而不是上升波段的低点和高点建立箱体，因此对于一个箱体而言，他总是先确定了上边界，然后才是下边界。确定一个箱体之后，他会等待这个箱体的上边界被突破，这是一个买入信号，否则处于空仓状态。

外汇市场中不可能只有做多交易，达沃斯箱体操作理论必须进行改进，因此出现了许多外汇版本的达沃斯箱体操作策略。一个比较符合达沃斯箱体理论既有精神的外汇策略是：根据下降波段建立的箱体，当汇价突破上边界时做多，多头了结的止损订单放置在箱体下边界之下一点（见图10-2）。

如何构建箱体？参数设定是关键。

198

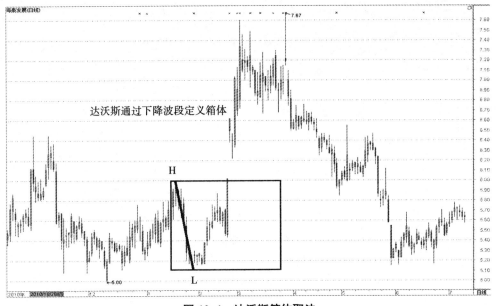

图 10-1　达沃斯箱体取法

图 10-2　外汇箱体做多策略

　　如果汇价上移，则在新的下降波段形成后将止损上移到新箱体的下边界之下一点；根据上升波段建立的箱体，当汇价跌破下边界时做空，空头了结的止损订单放置在箱体上边界之上一点（见图 10-3）；如果汇价下跌，则在新的上升波段形成后将止损下移到新箱体的上边界之上一点。另外，新箱体边界被突破可以加仓，止损设定方式类似。

这个外汇版本的达沃斯箱体理论具有很高的实战价值，那么如何确定一个波段呢？可以利用比尔·威廉姆的分形来决定一个波段，当然也可以目测。

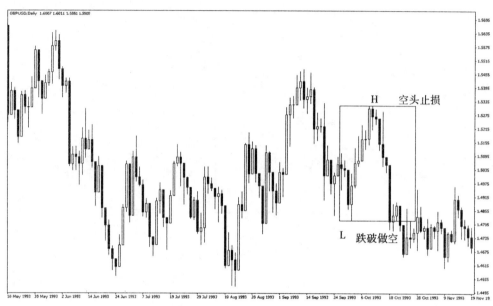

图 10-3　外汇箱体做空策略

第二节　海龟交易者和巴布科克的周规则

达沃斯的方法帮助他成为了百万富翁，这位纯粹的股票市场散户因此受到了大众的热烈追捧，并且出版了若干本专著，他在书中并没有清楚简洁地介绍自己的交易方法，更多是流水账式的描述。

不过，从达沃斯这里我们明白了区间这个概念在股票交易中具有十分重要的现实价值。那么，区间这个概念能否从股票市场迁移到其他市场呢？无独有偶的是与达沃斯基本同时代的一位期货交易者将区间的概念引入到了商品期货交易者中，他就是大名鼎鼎的理查德·丹尼斯（见图 10-4）。

理查德·丹尼斯并不是海龟交易法则的原创者，他受到了唐启恩的影响，唐启恩创立了四周规则，这其实是根据四周内的高点和低点建立区间（箱体），然后观察价格在这一区间的表现来做出买卖决策。这其实是一个突破的交易方法，与达沃斯的方法类似，只是在确定区间的具体方法上存在差别而已。在今天的外汇市场上，我们仍旧偶

图 10-4　海龟交易法之父理查德·丹尼斯

然看到某一个独自操作的职业交易者在偷偷使用类似的方法。但是，绝大多数交易者都很难遵守这套方法的纪律。

海龟交易法的主要规则并不仅限于进场和止损，这是它区别于达沃斯箱体操作法的关键所在。达沃斯箱体主要是用来操作股票的，而且基本上没有杠杆可以采用，也就是全额保证金交易，所以达沃斯并不注重加仓这个问题。

海龟交易法面对的是期货保证金交易，这套方法在仓位管理上必须考虑到保证金交易的利弊。有利的一面是可以利用浮动盈利加仓，所以丹尼斯在周规则的基础上加入了仓位管理办法，重点是加仓的条件和做法。不利的一面是保证金交易使风险被放大，因此避免被日内杂波误伤是必须要考虑的问题，丹尼斯采用了日均波幅分析和亏损比率来管理风险。

海龟交易者的方法完全可以用到外汇市场中，我们就亲眼看到一位东北的交易者通过坚持这套方法在外汇市场中不断盈利。因此，我们有必要了解一下这套交易策略，从中可以清晰地看出"区间"概念能够帮助我们创造出高效的交易策略，无论是道氏理论还是海龟交易法则都受益于这一概念。

理查德·丹尼斯用两个相关的系统入市，这两个系统都以唐启恩的通道突破系统（Donchian's Channel Breakout System）为基础。在考虑某个交易系统时，一般的交易员通常是考虑入市信号方面的问题。他们相信，入市是所有交易系统最重要的一个方面。海龟交易法以突破作为进场信号。其中系统一是以 20 日突破为基础的偏短线系统，系统二则是以 50 日突破为基础的较简单的长线系统。

突破定义为价格超过特定天数内的最高价或最低价。因此，20 日突破可定义为超过前 20 天的最高价或最低价。海龟总是在日间突破发生时进行交易，而不会等到每日

收盘或次日开盘。在开盘跳空的情况下，如果市场开盘超过了突破的价位，海龟一开盘就会建立头寸。

系统一进场只要求有一个信号显示价格超过前20天的最高价或最低价，海龟就会建立头寸。如果价格超过20天的最高价，那么，海龟就会在相应的商品上买入一个单位，建立多头头寸。

如果有一个信号显示价格跌破了最近20天的最低价，海龟就会卖出一个单位建立空头头寸。如果上次突破已导致盈利的交易，系统一的突破入市信号就会被忽视。注意：为了检验这个问题，上次突破被视为某种商品上最近一次的突破，而不管对那次突破是否实际被接受，或者因这项法则而被忽略。

上次突破的方向与这项法则无关。因此，亏损的多头突破或亏损的空头突破将使随后新的突破被视为有效的突破，而不管它的方向如何（即多头或空头）。然而，如果系统一的入市突破由于以前的交易已经取得盈利而被忽略，还可以在55日突破时入市，以避免错过主要的波动。

这种55日突破被视为自动保险突破点（Safe Breakout Point）。如果你还没有入市，在任何特定点位都会有一些价位会触发空头入市，在另外一些不同的较高价位会触发多头入市。如果上次突破失败，那么，入市信号会更接近于现价（即20日突破），如果上次突破成功，在这种情况下入市信号可能会远得多，位于55日突破处。

系统二进场只要求有一个信号显示价格超过了前55日的最高价或最低价就建立头寸。如果价格超过55日最高价，那么，海龟就会在相应的商品上买入一个单位建立多头头寸。如果有一个信号显示价格跌破了最近55日的最低价，海龟就会卖出一个单位建立空头头寸。无论以前的突破是成功还是失败，所有系统二的突破都会被接受。

顺势加仓是海龟交易者对杰西·利弗摩尔伟大思想的继承和实践。海龟在突破时只建立一个单位的多头头寸，在建立头寸后以1/2日均波幅的间隔增加头寸。在达到最大许可单位数之前，这样都是正确的。如果市场波动很快，有可能在一天之内就增加到最大4个单位。

在外汇市场中这套方法还是有效的，不过却不能提供高于大众预期的短线暴利，因为这套方法的绝大多数利润往往集中在少数一两笔交易中，而且，这套方法的假信号越来越多，这使得不少"区间突破+顺势加仓"策略的使用者开始进行改变，其中最为著名的是布鲁斯·巴布科克。

布鲁斯·巴布科克被称为美国期货业的"守门神"，他长期不断地跟踪、监视咨询性的新闻信札、热线及交易体系的效果。在工作中，布鲁斯接触了成百上千的交易体

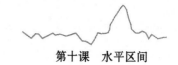

系、交易咨询员及交易商，这些广泛的接触使布鲁斯得以透彻地了解交易商的哪些行为阻碍其成功，哪些行为有助于其成功。他对海龟交易策略进行了广泛和持久的测试，最终发现 20 日和 55 日水平上的突破可靠性大幅降低，因此他将区间低点和高点的选择延长到了 130 日水平。他的方法基本上坚持了唐启恩的方法，但主要是以 130 日移动区间的突破为主。

如果在一个品种上，你一年只想交易 5 次以下，那么巴布科克的 130 日突破参数是一个不错的选择。如果你能将"基本面的重大变化"有效地与之结合，那么结果将更加"惊艳"！

第三节　布林带区间突破交易法

布林带（Bollinger Band）是根据统计学中的标准差原理设计出来的一种非常实用的技术指标，这个指标是约翰·布林格发明出来的。它由三条轨道线组成，其中上下两条线分别可以看成是价格的压力线和支撑线，在两条线之间是一条价格平均线。

一般情况下，价格线在由上下轨道组成的带状区间游走，而且随价格的变化而自动调整轨道的位置。当波带变窄时，激烈的价格波动有可能随即产生；若高低点穿越带边线时，立刻又回到波带内，则会有回档产生。在中间的通常为 N 期移动平均线，上下两条线则分别为上轨线和下轨线。算法是首先计算出过去 N 期收市价的标准差 SD（Standard Deviation），通常再乘以 X 得出 X 倍标准差，上轨线为 N 期平均线加 X 倍标准差，下轨线则为 N 期平均线减 X 倍标准差。

布林带反映了两种最基本的市场状态，那就是震荡和单边，或者说收敛和发散。如果说技术分析的最大秘密是如何区别震荡和单边，那么布林带的最大用处就是帮助交易者去做这种区分（见图 10-5）。

布林带关注的是市场波动率变化，因为波动率的变化往往意味着市场性质的变化，而市场性质变化意味着交易策略

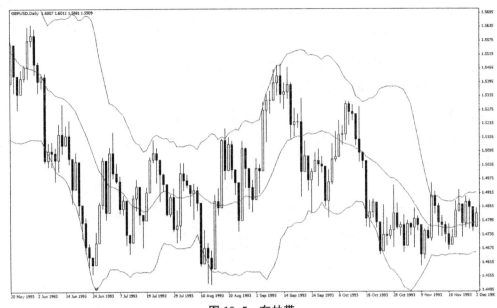

图 10-5 布林带

的变化。在震荡市场，震荡类交易指标有效，比如 KD 指标等；在单边走势，趋势类交易指标有效，比如移动平均线等。

道氏理论的"水平区间"体现在布林带上就是收缩的形态，这表明市场处于一种脆弱的平衡状态，单边走势一触即发。所以，**布林带往往是我们把握震荡走势转化为单边走势的临界点捕捉工具。**

布林带不仅可以用来分析日线走势，而且也可以用来分析 5 分钟日内走势，我们曾经遇到过一个交易者利用布林带来捕捉外汇市场欧洲市场这段波动，他的盈利很丰厚，胜算率很高。我们将在本课第五小节专门介绍这一方法。不过，从这一策略来看，布林带确实能够帮助交易者更好地把握道氏理论所定义的"水平区间"形态。

我们对布林带推崇备至，而且也曾经浓墨重彩地描述过布林带突破交易法，但是大家对这个方法的运用要点仍旧比较模糊。要想高效运用布林带突破交易策略，第一步，找到至少 9 根 K 线组成水平运动区间，这 9 根 K 线应该基本位于一横行布林带中，理想状态下应该是能够用一条水平线穿越所有这 9 根 K 线的。第二步，从这些 K 线中找出最高价和最低价，然后画出水平线。第三步，如果汇价收盘突破最高价做多，如果汇价收盘跌破最低价做空（见图 10-6）。每条水平线只触发一次交易，第二次信号不采用，做空的同时止损多单，做多的同时止损空单，也就是说一个布林带突破信号最多一次做多交易和一次做空交易。

触发做空信号

图 10-6　布林带突破交易法

道氏理论中的"水平区间"形态非常重要，但是道氏理论并没有给出区间确定的有效方法，也没有给出如何利用区间进行交易的具体步骤，布林带区间突破交易法解决了这一难题。在外汇市场中，无论是日线交易者还是日内交易者都能很好地从布林带区间突破策略中受益。

长时间横盘整理后的突破是极佳的交易信号。

第四节　敛散理论确认节点

讲到波动率、讲到市场形态、讲到趋势性质，我们都不能不提到敛散理论。为什么市场如此难以把握，那是因为市场形态并非具有一元的特征，趋势性质也并非只有一种。对于人类天性来讲，二元性的东西都很难把握。所以，想要成为一个金融市场的成功者，就必须深刻地把握这种二元性。那么，什么是市场最主要的二元性呢？从什么角度去理解市场的二元性可以更好地把握交易呢？我们认为从敛散的角度去认识市场的波动特征可能更为有效。

月线上大幅波动之后容易进入震荡走势。

道氏理论和艾略特波浪理论中都隐含了同样的二元命题。在道氏理论中，主要运动和次级折返是两个对立的范畴（见图10-7），如果市场是直线运动，那么所有交易者都能获利，正是两种看似对立的东西出现使得交易者无所适从，不知道是平仓还是持仓，不知道做空还是做多。在艾略特波浪理论中，驱动浪和调整浪是两个对立的范畴（见图10-8），它们的交替出现同样让交易者无所适从。

图 10-7　主要运动和次级折返的对立统一关系

图 10-8　驱动浪和调整浪的对立统一关系

道氏理论和艾略特理论之所以能够在市场中备受重视，关键在于它们的理论体系反映了市场波动中最本质的一面——二元性。"水平区间"是二元性中一面的极端体现，这就是调整次级折返的集中体现。

主要运动显示了价格的发散状态，而次级折返则显示了价格的收敛状态；驱动浪反映了价格的发散状态，而调整浪则反映了价格的收敛状态。发散好像市场的呼气，而收敛好比市场的吸气，市场在一呼一吸之间发展。很多交易者不明白这个道理，所以建仓只知道追涨杀跌，要么就是一味地卖高买低，看不清楚市场的趋势，在持仓的时候往往经不住市场的自然修正。

高明的交易者不会在发散走势中才开始建立试探性仓位，也不会在收敛走势中就建立全部的仓位，高明的交易者寻求的是在敛散转化的节点建立试探性的仓位，然后在发散走势中调整仓位——如果是日线上的单边走势那就逐步加仓，如果是日内的单边走势那就逐步减仓。

那么，**究竟如何确定敛散转化的节点呢？**波动率如果收缩突然扩大那么一般是节点（见图 10-9），这个可以从外汇期权隐含波动率异常和布林带收放把握，这是第一种方法。

图 10-9　波动率上升

第二种方法是**关注数据和重要事件的发布序列和时间**，即最近是否有什么重要数据要发布，对于日内交易者而言，所谓的"最近"指的是半天之后是否有重要数据发布。另外，我们还需要注意每周最为重要的数据，这个也会影响日内汇价走势。

第三种方法是**关注汇价走势的日内波动规律**，这个内容之前已经介绍过了，比如英镑日内主要波动的发生可能在北京时间 13 点到 15 点这个区间。

第四种方法是建立在**利率和风险偏好的结构性改变上**，比如进入加息周期或者降息周期，或者是债务危机有蔓延的极大可能，这些结构性变化可以从央行声明和财经新闻中获得，一般而言这是一种日线上的敛散转化节点。

第五种方法是建立在**日均波动异常**的基础上，比如外汇市场在没有例行夜间数据公布的情况下，在美国午盘和亚洲早盘仍旧大幅运动，或者是日均波动从显著跃升到

一个更高的水平，持续一周的这种运动很可能成为单边发散走势的节点。

为什么有些高手能够在外汇市场中一击必中呢？问题的关键就在于他们能够根据上述几种方法很好地把握收敛到发散的转化节点，而道氏理论提出"水平区间"其实也是想从收敛的角度把握这一节点，对于道氏理论的研习者而言，研究收敛是为了把握此后的发散。

第五节 亚洲市场/欧洲市场

如果将道氏理论的"水平区间"定义到外汇日内走势中，我们会发现亚洲市场往往容易形成这种形态，而欧洲市场往往是道氏理论研习者们梦寐以求的走势所在。亚洲市场代表了外汇市场的休整和收敛，这是市场在吸纳能量，而欧洲市场则代表了外汇市场的运动和发散，这是市场在释放能量（见图 10–10）。

图 10–10 交易时段和波动率

很多外汇交易者往往在市场休息的时候想要从中获取丰厚的利润，而在市场运动的时候却让自己放马南山。**交易者应该"顺势而为"，这就要求我们在单边趋势的时候赢足利润，在震荡趋势的时候休养生息。**在许多交易者脑袋中，"顺势而为"意味着无

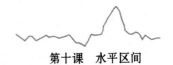

论如何要跟上市场，无论市场做什么都要紧随其后，这是一种误解。顺应市场的力量和节奏要求我们有时候选择旁观比介入更加明智。

外汇市场是一个 24 小时的市场，但这并不意味着它像某些经纪商宣传的那样，是一个我们可以 24 小时介入的市场。**我们必须在正确的时间做正确的事情，这是江恩理论的精髓之一**，但是很少有人这样做。

作息颠倒是现代人的通病，我们可以选择在一天 24 小时内打麻将，但是如果你选择在深夜打麻将，那就是违背了自然的节律，长期下来肯定遭受规律的惩罚。在外汇市场中也是一样的道理，如果你选择在亚洲市场操作往往得不偿失，虽然从理论上讲你可以在亚洲震荡市场中高抛低吸，但实际上操作很难。

在亚洲市场一度流行一种策略，那就是不设定止损地高抛低吸。这种方法忽略了一个关键的要点，那就是如果亚洲市场出现异常单边走势，那么这种不设止损的策略将亏得一败涂地。也有人提出设定一个很宽的止损，但是关键是亚洲市场并不是清一色的规则震荡走势，你无法清晰地利用箱体来定义亚洲市场的外汇走势。目前唯一一种可行的操作思路是抓住亚洲市场向欧洲市场过渡这段时间的走势，因为这段时间往往也是收敛到发散的转折节点。

有什么方法可以避免死板箱体带来的虚假突破信号呢？可以借助于布林带。我们将布林带叠加在 5 分钟走势图上，然后观察亚洲市场和欧洲市场交接时是否出现了张口行为，然后根据汇价相对布林中心线的位置来确定交易方向。

这里存在三个要点，也就是说布林带展开必须出现在亚欧过渡交易时段，如果布林带展开时的价格线全部或者大部分位于中线之上则做多，如果布林带展开时的价格线全部或者大部分位于中线之下则做空。止损怎么放呢？一般放在布林带另外一侧。那么如何盈利出场呢？可以采用布林带中轨作为移动止损线，当然最好以 5 分钟收盘价到中线另外一侧

褪黑素是交易者应对失眠的利器，不过应该先咨询专业医学人士。

顺势而为：外汇交易中的道氏理论

作为出场的依据。

这套方法很简单，每天的交易一般就一单，但是盈利比较稳定，这个方法是一个职业外汇交易者经常使用的，我们曾经与他共事很久，方法很简单，但却很少有人愿意采纳这一方法。也许是这套方法太简单和死板，以至于让使用者觉得没有什么成就感和优越感。当然，市场经常在发动真正的走势之前先虚晃一枪，特别是在英镑走势上，这时候可能就需要两次交易才能跟上日内的真正波动。

第六节　第 2 浪和第 4 浪的交替原理

艾略特波浪理论经常为人诟病，我们见过的许多外汇交易员都认为波浪理论与其说是一种实证理论不如说是规范理论，因为似乎它能够对市场指手画脚。不过，我们也认识一些对波浪理论态度比较中肯的交易者，他们中的一位认为波浪理论最大的功能就是确定第 3 浪，而**"第 2 浪和第 4 浪的交替原理"也是一个非常有价值的东西，后者可以帮助交易者更好地规避震荡走势。**

在 1 波上扬趋势中，1 浪是 1 波上升浪，2 浪回调，但是不会吞没完整个 1 浪，不过回调幅度一般较大，不会小于 0.382 这个幅度，然后第 3 浪启动，突破第 2 浪起点（第 1 浪终点），这样实际就形成了一个上升 N 字。第 4 浪往往会出现比较恼火的长时间横盘整理走势，这与道氏理论的"水平区间"形态基本一致。但我们这里需要明白的是，这种情况也可能反过来，那就是第 2 浪形成"水平区间"，而第 4 浪则成了锯齿形深幅调整。

2 浪和 4 浪在调整幅度和时间长度，以及复杂程度上是具有替代性。如果 2 浪调整的幅度较小，那么 4 浪的调整幅度就较大；如果 2 浪调整的时间长度较长，那么 4 浪调整的时间长度就较短；如果 2 浪调整的内部结构复杂，那么 4 浪调整的内部结构就简单。不过，超过 50% 的情况下 4 浪在调整幅度上要大于 2 浪，在调整持续时间长度上要显著长于 2 浪，在调整复杂程度上要高于 2 浪。这个交替原理对于交易者而言有什么样的具体用处呢？

道氏理论所说的"水平区间"如果出现在第一个显著 N 结构中，也就是充当第 2 浪的角色，那么以后价格的调整时间将非常短，但是幅度会比较大（见图 10-11），因此尽早减仓然后再介入。如果走势的第一个显著 N 字并没有出现"水平区间"，那么在

210

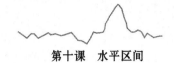

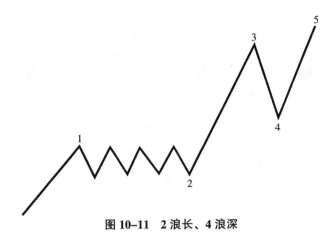

图10-11　2浪长、4浪深

大幅运动后的调整将持续很长时间，但是幅度不会很大（见图10-12），所以正确的做法可能是大幅减仓，然后考虑另外品种的介入。

如果第2浪不是"水平区间"，那么趋势确立的信号可能是以标准的N字结构开始的；如果第2浪是"水平区间"，那么趋势确立的信号可能会以T字的结构开始，这种形态我们称之为翅膀形态。如果市场以T开始趋势，那么此后的行情走势应该是相当猛烈的，走势近乎笔直。

为什么会这样呢？因为趋势开始的初期就出现了长时间的横盘整理走势，这就使得很多此前盈利的仓位被洗出去，新介入的交易者数目也不多，所以行情一旦突破"水平区间"往往走势凌厉，中途没有什么停顿，所以具有天然防御位置的进场点几乎没有。长时间的横盘整理让不少交易者不敢轻易介入，因为把握不好行情突破的时间，当真正突破发生时，交易者往往狐疑不定。等到确认的时候，行情已经大幅度运动了不少，这时候交易者也不敢追进。

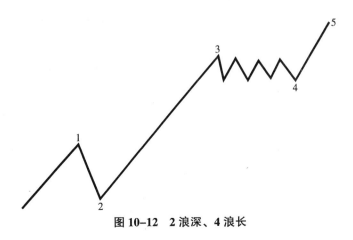

图10-12　2浪深、4浪长

第七节　区间中震荡指标的运用

区间走势中什么指标最好用呢？震荡指标最好用，区间走势应该占据了外汇市场日内走势的绝大部分，因此不少刚刚进入外汇市场的新手都发现高抛低吸非常容易得手，经过一段时间之后会突然被单边走势打得措手不及。接着，就会发现外汇市场非常难以操作，这时候大部分新手开始从外汇市场撤离，留下来的少部分人中的绝大多数在真正实现盈利之前也会选择离开。因此，**在外汇市场中长期留守的不是成功者就是未来的成功者。**回到正题，我们要搞清楚的是道氏理论所谓的“水平区间”，以及一般意义上的“区间”究竟如何去把握呢？

区间是我们对汇价走势的主观认识，实际上汇价并不会在每次波动中都会来到同一高点和低点，因此汇价的震荡走势往往是不规则的。在这种不规则的情况下如果仅仅用箱体来剖析走势和厘定交易时机，肯定是不行的。那么什么工具能够帮助我们把握区间波动呢？**通过区间来研究汇价，我们的决策点完全集中于区间边界这两条线上。在这条决策线上无非是追涨杀跌或高抛低吸两种思路，而在远离边界线的区域我们采取观察的态度，这样就避免了频繁在低胜算率区域进出的弊病。**区间的上下边界定义了我们的决策线，就是当价格在这条线附近时我们才决策（见图 10-13），这个上下边界就是支撑阻力线，是敛散的转化节点，也是我们所定义的“位”。到“位”才决策，但是决定我们持仓方向的是趋势，是“势”，这点是大家要清楚的，所以当汇价来到边界的时候，我们是追涨杀跌，破位而作，还是高抛低吸，见位而作，这就取决于对趋势的认知了。

减少情绪干扰，降低交易频率的方法之一是设定“决策线”。

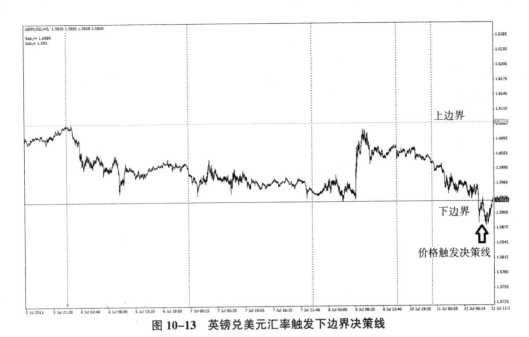

图 10-13　英镑兑美元汇率触发下边界决策线

　　震荡指标在这其间起了什么样的作用？当价格在区间上边界附近，而震荡指标持续高位钝化，不下 80 一线，则表明突破而作胜算可能性很大，震荡指标进一步明确了破位做多进场的时机。当价格在区间下边界附近，而震荡指标持续低位钝化，不上 20 一线，则表明跌破而作可能性很大，震荡指标进一步明确了破位做空的时机。当价格在区间上边界附近，而震荡指标拐头下穿越 80 一线，则表明突破而作胜算很小，如果 K 线出现看跌反转形态，则见位做空的胜算概率更大。当价格在区间下边界附近，而震荡指标拐头向上穿越 20 一线，则表明跌破而作胜算很小，如果 K 线出现看涨反转形态，则见位做多的胜算概率更大。

　　对于规则的震荡走势，仅仅利用箱体就够了，因为箱体的上下边界足以帮助我们应付行情的波动，但是这种情况很难事前了解，所以我们在实际交易过程中往往要针对不规则的震荡走势进行操作，这时候震荡指标就必不可少了。如果你能够很好地止损，同时也能够设定合理的止损和盈利的目标，那么就轻仓小止损参与不规则震荡走势。

　　参与这种走势有以下几个要点要注意：第一，**日线图要随时浏览，这样才不会完全逆着趋势去交易日内行情，最好是随着日线趋势去交易，这点非常重要**；第二，**要在箱体边界处操作**；第三，进场的时候最好有反转 K 线和震荡指标极值的辅助；第四，每笔交易必须轻仓，而且应该设定合理的止损，越小越好，这就对设定止损和寻找进场点的能力提出很高的要求。

第十一课

道氏理论的可证伪性

道氏理论并非一贯正确……绝不能将自己的愿望强加于市场分析之中。

——罗伯特·雷亚

不可证伪的理论不能称之为科学，当然也就不具有科学性。

——卡尔·波普

第一节　交易策略的可证伪性

　　与绝对多数江恩理论和艾略特波浪理论信徒的态度相反，道氏理论的坚实信徒从来都没有认为道氏理论是绝对的真理，甚至不认为道氏理论是真理，只是一种经验性的工具模型而已。这种认识能够帮助道氏理论的研习者们能够更好地"顺应趋势"，因为市场唯一不变的性质可能就是变化，这也是"易经"（见图11-1）的核心精神所在。

快速小成本试错是进步的捷径。

　　真正有效的交易策略或者理论都是与时俱进的，这也是科学交易理论的特征。**在交易界没有代表绝对真理的具体方法，凡是具体的策略都有前提和局限性，或者说赖以存在的假设和市场条件。**如果一种具体的交易策略号称能够适合一切时期的一切市场，那么这种方法其实是模糊和抽象的，这一策略根本不能符合自己声称的效果。

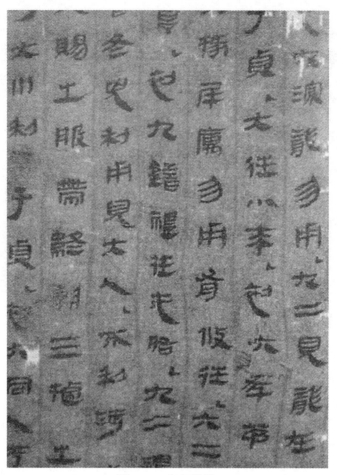

图 11-1　帛书周易

凡是包治百病的策略基本上都是围绕着抽象的宗教情结展开的，科学的方法必须是存在可能被证明为错误的方法，也是可验证的方法。如果一种方法无论用起来结果如何，都不能证明其错误还是正确，那么就不是科学的方法。

一个交易策略如果模棱两可，无论交易结果如何，都不能归结于该策略的问题，那么这样的策略其实对于交易并不起实际的指导作用。最为典型的是许多看涨看跌的股票分析理论，提出某种看涨看跌的结论后，股价总会在长、中、短三个结构中的任何一个结构出现相应的涨跌，而这些都可以用作该结论有效的证据，这种理论就不能被证明是无效的。

可证伪是科学理论和策略的基本特征，这是卡尔·波普（见图 11-2）与哈耶克（见图 11-3）这两位思想巨擘提出的最有意义的科学评判标准。人的认识是有局限性的，因此绝对的真理不能为人所掌握，凡是号称掌握了适应所有情况的万能理论绝对是在

216

自欺欺人。只有那些能够被验证的理论才是科学的理论，因为这些理论保证了人类不断从相对真理迈向绝对真理。

图 11-2 卡尔·波普

图 11-3 弗里德里克·A.哈耶克

交易理论和交易过程也需要有可证伪的特征才能够帮助交易者不断迈向持续盈利的终极目标。交易理论可证伪才能进一步提高和完善，如果不能被证伪和验证，那么就只能是聊以自慰的东西，毫无实际用途。交易过程如果不能被证伪，那么就不能从市场获得有效反馈，自然也就做不到"顺势而为"。交易理论想要有可验证性，必须具有明确进场和出场的充要条件。交易过程想要有可验证性，必须设定出场条件（特别是止损点）。

道氏理论如何解决自己的可证伪问题呢？道氏理论要想能够具备可证伪性，就必须明确进出场条件，杰克·施耐普完成了这一任务。当然，传统的道氏理论其实也具有明确的进出场条件，这就是 N 字结构（或者 2B 结构）的相互验证。

在外汇交易中，利用道氏理论进行交易，最为简单的做法就是寻找高度相关的两种货币对在日线图上的 N 字结构，出场规则也是这样的。对于做多交易而言，两种高度相关货币对同时出现了上涨 N 字，那么就进场做多，这也是空头头寸平仓的信号；相反情况下，两种高度相关货币对同时出现了下跌 N 字，那么就进场做空，这也是多头头寸平仓的信号。

我们在诸多论著中反复强调 N 字结构，是因为它是"顺势而为"这一原则具体实现的基石，缺乏了 N 字结构，那么趋势的判断就成了问题，如何进场、如何加仓、如何平仓都成了问题，而且，基于 N 字结构的道氏理论也因此具有了可证伪性。

第二节　交易是追求正期望值的概率游戏

交易是一种游戏，英语中的 Game 是游戏，但是 Game Theory 却并不是简单地研究游戏的理论，学术界称呼是"博弈论"。博弈论的创始人约翰·纳什（见图 11-4）是一位伟大的经济学家，他提出这个理论更适合研究金融学。

图 11-4　约翰·纳什

博弈论的特征是你的对手是变化的，甚至你们进行博弈的环境也是变化的，这恰好是交易的本质。交易的本质是你在和许多主体博弈，而在这场博弈中你的对手并不是唯一和不变的。有关基本面的驱动分析，主要分析的是你和对手博弈的环境，而心理面分析则关乎你和对手的决策可能，有关技术面的行为分析则关乎博弈的各种结果。

　　《孙子兵法》（见图11-5）有一句至理名言："知己知彼，百战不殆；知天知地，胜乃不穷。"对于投机客而言，"知己知彼"讲的是心理分析，而"知天知地"讲的是驱动分析，讲的是市场运行的大背景，这个背景关乎市场的趋势是单边还是震荡。现在单纯的技术分析之所以失效，是因为忽略了交易的博弈特征，将交易看成是打壁球，其实交易面对的是变化的对手。市场并不是客观的存在，它是所有人主观的合成。交易不是一门像木匠一样的手艺，而是像带兵打仗一样的战争艺术。

琢磨对手，这就是博弈论给我们提出的最基本要求。

图11-5　《孙子兵法》竹简

　　因此，**学习交易不能以学习物理学的态度去进行，而应该以学习博弈论的态度去进行**。道氏理论建立在社会心理学以及博弈论的基础上，因为它具有更好的实践价值，这与江恩理论等企图将市场物理化的态度存在根本的差别。因为道氏理论的主要目的是为了"顺势而为"，而不是为了能够追随一切波动，所以道氏理论更加深刻地认识到了人类认知能力的缺陷，并且承认这种缺陷；而承认人类认识的相对性，正是建立可证伪理论的基础。

另外，博弈论建立在概率论的基础上，因此博弈的结果往往与概率和期望值有关。**新手交易的一个重大误区是以胜算率作为评估交易系统能否持续盈利的关键指标，从胜算率角度去验证和证伪一个交易策略是绝大多数没有入门的交易者经常会犯的错误。**人的天性就是尽量少犯错，但是这就影响了人类的学习能力。

一个人能力的成长与其不断的尝试有关，一个人能力完全不能及的区域被称为"障碍区"，一个人能力完全可以胜任的区域被称为"舒适区"，介于两者之间的区域则被称为"学习区"。**一个人只有处于"学习区"才能获得进步，而这些区域的胜算率（成功率和胜任率）都很低**（见图 11-6）。绝大多数人一生都躲在"舒适区"，因此没法取得进步。追求高胜算率，让绝大多数交易者待在了"舒适区"，而这个区域没法让交易者真正在交易中进步。

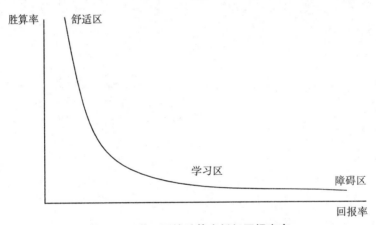

图 11-6　学习区的胜算率低但回报率高

评判和证伪交易系统的唯一指标就是收益期望值，收益期望值取决于胜算率和平均盈亏比，所以要获得正值的收益期望值，不能仅仅简单地提高胜算率，而要同时关注平均盈亏比，这个可以通过平均盈利和平均亏损计算得到。有些交易平台，比如 Metatrader 4.0 就提供了自动统计功能，通过这一功能你就知道自己的系统长期下来期望值能不能为正了。

第三节　墨菲法则

曾经有一句话让我们受益匪浅，这句话不仅可以运用于实体经济经营，也可以用于指导金融交易，这句话是这样说的：**"抱最大的希望，尽最大的努力，做最坏的打算。"**后面这个"做最坏的打算"其实就是"墨菲法则"的实质。在人类的所有博弈事务中，最坏的情况往往是不可承受的。

比如战争中的最坏情况是国家都不能担当的，所以《孙子兵法》中称之为"兵者，国之大事"。交易也是一种博弈，所以其最坏的情况也是交易者无法承受的。在通常的概率论中，有一个定理，那就是"小概率事件几乎不可能发生"，但是在风险管理领域却有"肥尾事件"或者"黑天鹅事件"，这些事件发生的概率虽然很小，但是一旦发生后果非常严重。所以，必须预防这些事件的发生，而交易者能够做到的就是做好风险管理。风险管理包括仓位管理和止损设定。

那么，"墨菲法则"与上面这些东西有什么关系呢？"墨菲法则"是一位名叫墨菲的人提出的观点，那就是最坏的情况最有可能发生。这是一条事务主义的经验论，我们不能从是否符合客观实际来看待这一法则，而应该想想**如果我们按照这条法则去操作会带来什么样的效果**。道氏理论对于风险的最大控制来自于"顺势而为"的原则，因为**只有顺应趋势才能避免最大的风险事件发生，那就是爆仓**。

道氏理论提出了一系列"顺势而为"的方法，我们已经悉数介绍，但最为根本的却仍旧是"截短亏损，让利润奔腾"（见图 11-7），这条法则在道氏理论中并没有被明显地提及，但是却显而易见。因为要把握主要运动，就必须放置相对较小的止损，同时顺着行情的发展合理地移动止损。如果我们没有站到主要趋运动一边，那么合理的止损会告诉我们，如

"黑天鹅"怎么应对？截断亏损，让利润奔腾。保险、期权和止损单等手段都是用来应对"黑天鹅"的负面冲击的。

果我们不设定合理的止损，那么即使逆势而为，你也得不到市场的反馈，抱着侥幸的心理苟且偷生。

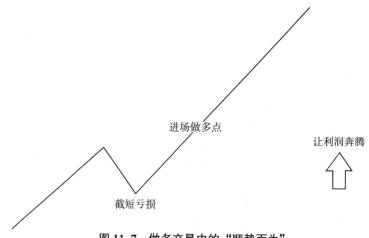

进场做多点

让利润奔腾

截短亏损

图 11-7 做多交易中的"顺势而为"

外汇市场是保证金交易市场，最大的风险是爆仓，这是一个最坏的情况，按照"墨菲法则"来讲，爆仓在外汇市场是最可能发生的事情，因此交易者应该随时准备好应付这一最坏的情况。而应付这一最坏情况的方法就是"顺势而为"，这就有两个具体的要求：**一是"跟进止损"；二是"盈利后加仓"**（又称金字塔加仓法）。这两个要求是为了实现"截短亏损，让利润奔腾"这一抽象要求。

"墨菲法则"指明了交易中应该采取的谨慎态度，这种态度其实表明了任何交易策略的可证伪性除了从能否获得持续正期望值入手，还可以从能否处理"肥尾事件"入手。

第四节　统计检验和内因套利逻辑

如果一个理论无法经受统计检验，那么其可证伪性也就非常微弱，甚至没有。为了让一个交易策略具有可证伪性，我们必须让一个理论能够建立起相应的计量模型，这样才能接受统计检验的考量。

很多技术分析图形和技术指标的信号有效性很难得到统计检验，这使得这些信号背后策略的可证伪性大打折扣，因此，市面上绝大多数形态和指标用法都不能称之为科学。但是，可笑的是绝大多数炒家对这些形态的有效性深信不疑，他们没有发现这

些形态的定义和用法是模棱两可的，所以根本无法证伪，结果不管怎样，这些策略和信号都能自圆其说。

外汇交易策略最好能够经过统计检验，即使不是非常正式的统计检验，最好也能通过遵循清晰的交易条件进行人工检验。道氏理论的检验基本上也是依靠人工完成的，从查尔斯·道开始到杰克·施耐普，每一代道氏理论的掌门人都花了大量的时间来统计严格按照道氏理论操作的效果，每一次买卖信号都有清楚的日期记载（见表11-1）。

表11-1　1910~1956年道氏理论交易记录

初始资金 100 美元	时间	工业指数价格（美元）	百分比增长（%）	收益（美元）
抛出	1910 年 5 月 3 日	84.72	21.0	312.6
收益再投入	1910 年 10 月 5 日	81.91		
抛出	1913 年 1 月 14 日	84.96	3.7	324.17
收益再投入	1915 年 4 月 9 日	65.02		
抛出	1917 年 8 月 28 日	86.12	32.5	429.53
收益再投入	1918 年 5 月 13 日	82.16		
抛出	1920 年 2 月 3 日	99.96	21.7	522.74
收益再投入	1922 年 2 月 6 日	83.70		
抛出	1923 年 6 月 20 日	90.81	8.5	567.17
收益再投入	1923 年 12 月 7 日	93.80		
抛出	1929 年 10 月 23 日	305.85	226.1	1849.54
收益再投入	1933 年 5 月 24 日	84.29		
抛出	1937 年 9 月 7 日	164.39	95.0	3606.61
收益再投入	1938 年 6 月 23 日	127.41		
抛出	1939 年 3 月 31 日	136.42	7.2	3866.29
收益再投入	1939 年 7 月 17 日	142.58		
抛出	1940 年 5 月 13 日	137.50	-3.6	3727.10
收益再投入	1943 年 2 月 1 日	125.83		
抛出	1946 年 8 月 27 日	191.04	51.9	5653.71
收益再投入	1954 年 1 月 19 日	288.27		
抛出	1956 年 1 月 10 日	468.70	62.6	11236.65

即使是 W.D.江恩也同样非常注重统计的作用（见图11-8），他花费了大量时间来记录行情波动的幅度和时间，然后又花了时间来验证自己的少数策略，从这点来讲江恩可能比当今绝大多数交易者都更加注重统计和统计检验的作用。国外的外汇交易者

和期货交易者大多非常注重数据统计和统计检验，对于所谓的技术指标形态的种类反而不是非常看重。毕竟，知道那么多形态但是却不知道其有效性如何，这样的知道有什么实际意义呢？还不如不知道为好。

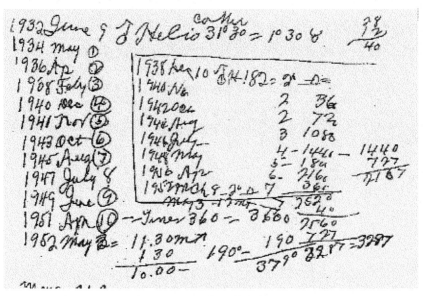

图11-8　江恩市场统计的手稿

　　具有可统计检验的特征是交易策略可证伪特征的一个基础，另外，我们也需要**更进一步地对某些表面联系背后的逻辑进行挖掘，找出内在原因，这样才能真正对策略是否可靠进行验证。**如果一个形态具有看涨意味，那么我们必须找出为什么这个形态能够预测上涨，找出原因后，我们要对这个逻辑进行检验，如果检验证明这个原因不成立，我们就需要重新寻找。为什么要找出原因呢？因为只有把握了内因才能面对不断变化的市场行情。

　　道氏理论发现了趋势确立的一个表象，那就是两种指数同时出现 N 字突破，但是他们并没有就此打住，通过找出这一表象背后的原因，然后才能从这个逻辑中不断地获取利润。如果仅仅止步于 N 字这一表象，那就不可能找到"顺势而为"的法宝。

道氏三阶段模型

否定之否定是事物发展的普遍规律。

——黑格尔

一鼓作气，再而衰，三而竭。

——曹刿

第一节　道氏三阶段和酒田三阶段

　　无论是股票市场、期货市场还是外汇市场，趋势性走势经常呈现三阶段特征，这点无论是在道氏理论还是在日本酒田战法中都有所体现。

　　道氏理论认为无论是上涨趋势还是下跌趋势都分为三个阶段。上升趋势是一种整体性的上涨走势，其中夹杂次级的折返走势，平均的持续时间长于两年。在此期间，由于经济情况好转与投机活动转盛，所以投资性与投机性的需求增加，并因此推高股票价格。当然，道氏理论关于股票上涨趋势三阶段的观点往往也可以用在外汇走势上，不过这要从日线上去观察。

　　在股票市场中上升趋势分为三个阶段：第一阶段，人们对于未来的景气恢复信心；第二阶段，股票对于已知的公司盈余改善产生反应；第三阶段，投机热潮转炽而股价显著上涨，这一阶段的股价上涨是基于狂热的情绪。上升趋势的特色是所有主要指数都持续共同走高，拉回走势不会跌破前一个次级折返走势的低点，然后再继续上涨而创新高价。在次级折返的走势中，指数不会同时跌破先前的重要低点。

道氏理论认为股票的上涨趋势具有以下重要特征：

第一个特征是由前一个下跌趋势的低点起算，上升趋势的价格涨幅平均为77.5%。

第二个特征是上升趋势的期间长度平均数为两年四个月。历史上的所有上升趋势中，75%的期间长度超过了657天（1.8年），67%介于1.8~4.1年。

第三个特征是上升趋势的开始，以及下跌趋势最后一波的次级折返走势，两者之间几乎无法区别，唯有等待时间确认。

第四个特征是上升趋势的次级折返走势，跌势通常较先前与随后的涨势剧烈。另外，折返走势开始的成交量通常相当大，但低点的成交量则偏低。

第五个特征是上升趋势的确认日，是所有指数都向上突破下跌趋势前一个修正走势的高点，并持续向上挺升的日子。

道氏理论也将下跌趋势分为三个阶段，下跌趋势是长期向下的走势，其间夹杂着重要的反弹。它来自各种不利的经济因素，唯有股票价格充分反映可能出现的最糟情况后，这种走势才会结束。

第一阶段股票市场参与者不再期待股票可以维持高位的价格；第二阶段的卖压反映经济状况与企业盈余的衰退；第三阶段来自于健全股票的失望性卖压，不论价值如何，许多交易者急于求现至少一部分的股票。"重要的反弹"（次级的修正走势）是下跌趋势的特色，但是指数都绝对不会穿越多头市场的顶部，也不会穿越前一个中期走势的高点。

雷亚列举了下跌趋势的某些特征：

第一个特征是由前一个上升趋势的高点起算，下跌趋势跌幅的平均数为29.4%，其中75%的跌幅介于20.4%~47.1%。

第二个特征是下跌趋势持续期限的平均数是1.1年，其中75%的期间介于0.8~2.8年。

第三个特征是下跌趋势开始时，随后通常会以偏低的成交量"试探"前一个多头市场的高点，接着出现大量急跌的走势。所谓"试探"是指价格接近而绝对不会穿越前一个高点。"试探"期间，成交量偏低显示信心减退，很容易演变为"不再期待股票可以维持过度膨胀的价格"。

第四个特征是经过一段相当程度的下跌之后，突然会出现急速上涨的次级折返走势，接着便形成小幅盘整而成交量缩小的走势，但最后仍将下滑至新的低点。

第五个特征是下跌趋势的确认日，是指市场指数向下突破上升趋势最近一个修正低点的日期。

第六个特征是下跌趋势的中期反弹，通常都呈现"V"形，其中低价的成交量偏高，而高价的成交量偏低。下跌趋势行情末期，市场对于进一步的利空消息与悲观论调已经产生了免疫力。

然而，在遭受严重挫折之后，股价也似乎丧失了反弹的能力，种种征兆都显示，市场已经达到均衡的状态，投机活动不活跃，卖出行为也不会再压低股价，但买盘的力道显然不足以推升价格，市场笼罩在悲观的气氛中。股息被取消，某些大型企业通常会出现财务困难。基于上述原因，股价会呈现窄幅盘整的走势。一旦这种窄幅走势明确向上突破，市场指数将出现一波比一波高的上升走势，其中夹杂的跌势都未跌破前一波跌势的低点。这个时候，明确显示应该买入的投机性头寸。

股票牛市在绝望中诞生，在分歧中上涨，在亢奋中见顶。

酒田战法其实也有所谓的三段论，其提法也与道氏理论类似，但却很少为当今交易界的人所了解，其核心思想是一波走势至少会存在两波正向和一波反向的走势（见图12-1和图12-2）。

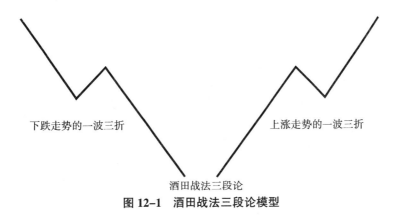

图 12-1　酒田战法三段论模型

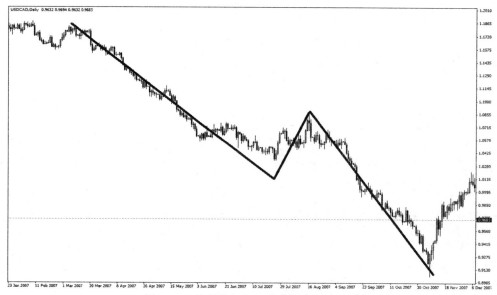

图12-2　美元兑加元下跌走势的酒田三段

第二节　艾略特三阶段

波浪理论又称艾略特波段理论，它是由美国证券分析家拉尔夫·纳尔逊·艾略特利用道琼斯工业指数平均作为研究工具，发现不断变化的股价结构性形态呈现自然和谐的局面。

根据这一发现提出了一套相关的市场分析理论，精练出市场的13种形态或波浪，但是出现的时间间隔及幅度大小并不一定具有再现性。随后艾略特又发现了这些呈结构性形态之图形可以连接起来形成同样形态的更大图形，从今天拓扑学的角度来讲这就是全息性。提出了一系列权威性的演绎法则用来解释市场的行为，并特别强调波动原理的预测价值。

艾略特的波浪理论其关键主要包括三个部分，第一部分是波浪的形态（见图12-3）；第二部分是浪与浪之间的幅度比例关系；第三部分是波浪时间比率。这三者之间，浪的形态最为重要。波浪的形态，是艾略特波浪理论的立论基础，所以，数浪的正确与否，对成功运用波浪理论进行投资时机的掌握至关重要。所谓数浪的基本规则只有三条。如果交易者能对这三条基本数浪规则在平时运用中坚守不移，可以说已经成功了一半。

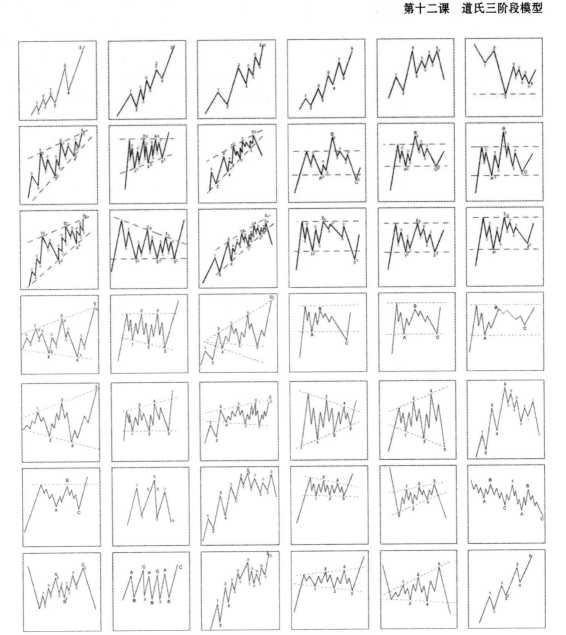

图 12-3 波浪理论的 42 种波浪形态

波浪理论的运用必须符合三条基本规则：第 2 浪的最大回撤不低于 1 浪底；第 3 浪（第三推动）永远不是 3 个驱动浪（第 1、第 3、第 5 浪）中最短的一个浪，在股价的实际走势中，通常第 3 浪是最具有爆炸性的一浪，也经常会成为最长的一个浪；第 4 浪的底部，不可以低于第 1 浪的浪顶。

但是，这里要强调的并不是艾略特波浪理论的定义和特点，是想要让大家明白这个理论与道氏理论的一个共同之处，这就是三阶段理论。艾略特的三阶段理论隐含在

"5-3浪"结构中，5浪中的第2浪和第4浪起到了连接三阶段的作用（见图12-4）。外汇市场中这种情况也经常出现，也就是所谓的艾略特波浪形态。

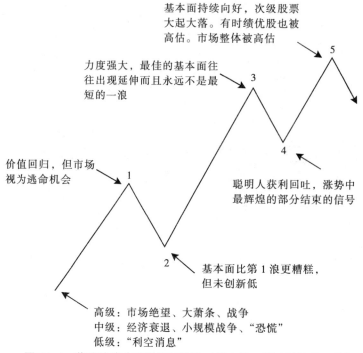

图 12-4　艾略特波浪理论的三阶段（第1浪、第3浪和第5浪）

第三节　市场和情绪错配模型

我们在《外汇狙击手：短线制胜的十五张王牌》中提到过"市场和交易者心理错配"的情况，从中我们知道市场具有周期性，人的心理也有周期性，如果人的心理周期与市场的走势周期能够同步，则绝大多数交易策略都会被恰当使用。

市场的周期主要体现在"震荡——持续的交替"，或者说"区间走势——单边走势的交替"，心理周期主要体现在"震荡预期——持续预期的交替"。但是，市场有一种魔力，它能够催眠交易者，让他们的心理周期往往与市场周期错配，当市场处于震荡走势的时候，让交易者认为市场走单边，这时候交易者往往采用突破而作的策略，结果当然是屡屡碰到假突破。

当市场处于单边走势的时候，让交易者认为市场走震荡，这时候交易者往往采用高抛低吸的策略，结果当然是一笔单子把以前赚的都亏出去了，或者是不断止损、不断逆势进场，真的是屡败屡战。

市场有两种走势，大众有两种预期，策略有两种类型，预期是连接市场和策略的调度，恰当的预期可以将恰当的策略用在特定走势中，不恰当的预期则会将不恰当的策略用在特定走势中，大家也许对这里的话感到无所适从，不过你只要注意跟踪自己的心理预期，就会发现自己经常因为错配的预期导致错配的交易策略。

市场为什么要让大多数人亏损？市场如何让大多数人亏损？

外汇市场中的典型周期错配如图 12-5 所示，市场在顶部或者底部转折的时候一般会有一个非常显著的 N 字价格走势，此时大部分交易者还认为市场处于上升中的调整或者是下跌中的反弹，但是 N 字顶部或者是 N 字底部已经预示了行情的反转。

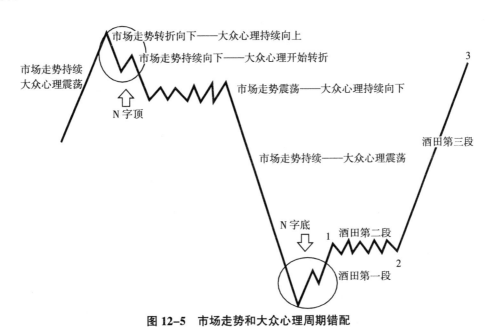

图 12-5　市场走势和大众心理周期错配

所谓的 N 字顶部就是行情从一个高点跌下来然后反弹，反弹不过前高，形成次高，然后再度下跌，跌破反弹的起点。所谓的 N 字底部就是行情从一个低点涨上来然后回调，回调不破前低，然后再度回升，升破回调的起点。

我们从这个错配图中可以发现，其中 N 字顶部和底部与道氏理论具有密切的关系，更为重要的是与酒田三段论，甚至与道氏的三阶段论也具有逻辑上的联系。**如果想要在外汇交易中做到顺势而为，那么从图 12-5 下手就可以将道氏理论的精华提炼出来。**

市场从顶部下降或者从底部上升一段时间，市场上的参与大众往往也开始注意到趋势的改变，进而调整自己的交易方向，准备介入单边走势。此时市场开始进入"磨人耗钱"的震荡走势，等待交易者在此走势中元气耗尽或者是养成高抛低吸的交易习惯之后（吃了区间震荡走势的甜头），开始发动强劲单边。先前按照单边走势操作的交易者此时已经不敢追击，只能看着行情飞速运动，此段行情发展是最快的，幅度是最大的。

先前按照震荡走势操作的交易者此时一下将利润回吐，并往往逆势加仓配上老本，而且赔本速度超快。上述这个错配过程大家肯定都经常经历，现在明白为什么你觉得自己运气不好，或者是觉得市场跟自己作对了吧，结合图 12-6 来看更能深入理解其实践意义。

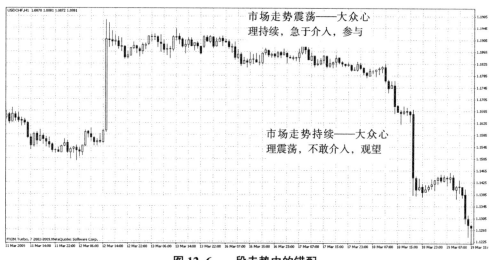

图 12-6　一段走势中的错配

图 12-5 是典型的市场走势和大众心理周期错配，现实走势中有时候会夸大某一部分或者缩减某一部分，这个大家结合实际走势肯定是能够掌握的，下面我给一个最简单的错配实例给大家揣摩，如图 12-6 所示，这是美元兑瑞士法郎 1 小时图，外汇市场的走势和心理周期错配在 1 小时框架上非常明显。

汇价开始处于震荡走势，这时候大众可能在震荡的前期和中期急匆匆地进入做空，但是市场以长时间的震荡耗散了精力和资金，等到参与大众开始疲惫不堪的时候，外汇市场"出其不意，攻其不备"，趁大众思维还停留在震荡市场的时候发动快速

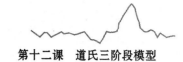

单边走势。

　　在金融交易中，我们容易被两种因素误导：一是市场走势的交替，这使得我们往往是在做"上一笔交易"；二是大众的诱因，群体心理压力往往让我们倾向于采取与大众一致的行动，逃避自由，放弃非一般的绩效。如果大家能够克服这两个问题，那么就能真正做到顺势而为。

研读者心髓摘录

心髓第一则

在《顺势而为》的出版通知中我写了一个回帖，表达了我对"akzpwx"关于这本书的评论的反对意见，并提到这本书对我的帮助，比如调整了日内交易系统的策略，而且版主鼓励我着重介绍一下对日内策略的认识。

现在就发这个新帖说说我受这本书的启发，和这本书对我的帮助，希望论坛里的同学们多多指教。

《顺势而为》P64里面有一段话："在我们此前的外汇教程当中没有涉及这一问题，所以很多人在掌握了'势、位、态'策略之后，在5分钟走势图上来分析'趋势'和'位置'，遭受了频繁的止损，这就是没有搞清楚市场的三重结构。"

这正是我的写照，之前我的日内交易主要就是在M5上展开的，并且用的也是"势、位、态"策略，结果也是频繁止损，这曾使我感到非常纳闷。

虽然实践的结果并不好，但在此过程中我不断通过逻辑思辨，认为"势、位、态"策略应该是没问题的，因为它真的很朴实、很合理，绝对是对交易策略的一种大智慧的总结，从逻辑上我找不到反对的地方，这是我对策略的认知，应该属于知己的范畴。

对于市场的认知（知彼），我很早就意识到日内波动有限不宜加仓操作，但这样的认识并不彻底，而且我在日内运用了经典的"让利润奔腾"的理念。虽然我没有加仓操作，但的确试图通过趋势和位置的分析，想尽可能抓住并吃尽日内的波动，结果不

是被平衡保护出来，就是被从原来小有盈利变为止损出场。很狼狈，但我又确实不知道问题出在哪里。

以上就是我过去日内交易中存在的问题，其实从去年《顺势而为》的出版告知贴出来，看了前言和目录之后，就隐约觉得也许是策略和时间框架对应性出了问题，但我并不肯定。

直到认真读完了《顺势而为》，我才搞明白、才肯定，确实是策略和时间框架对应性的问题。

下面我围绕日内波动和对应的策略这两方面来写我的读书心得。关于日内波动（日内杂波，也是三重结构中的第三重），书里主要用了三节课来分别讲述：第三课：市场操纵；第五课：日内波动；第十课：水平区间。

因为这直接和我的问题相关，这三节课也是我读得最多的。

按照道氏理论的观点，日内杂波确定性很弱，几乎不可交易。具体来说日内杂波存在三个局限，对日内交易者是不利的：

（1）日内走势确定性很弱；

（2）日内走势易受主力操纵；

（3）日内的日均波幅有限，缺乏持续性。

但是这本书对日内波动的探讨更进一步，总结了"帝娜日内波动三大规律"分别是：

（1）市场作息规律；

（2）最近数据预期规律；

（3）机构整数挂单规律。

从这个角度来看，其实日内波动是有规可循的，不再像表面看起来那么杂乱无章，而且书中提到（帝娜之前的书也提到过）的敛散分析理论，在日内波动上仍然不会失效，甚至大有可为。这也是为什么我认为这本书其实并不局限于道氏理论而是超越了道氏理论。

题外说一句，所以我很奇怪"akzpwx"对这本书的评论："书中第四课第一节的道氏理论的三重市场结构，划分了两重，第三重却没提，怎么能犯这么低级的错误呢？这可是书的核心内容呀。"朋友，不是书犯了低级错误，是你自己错了。

人类发展的任何学科，都是关于对规律的发现与应用的，外汇交易也不例外。日内波动的规律已经总结并披露出来了，接下来的问题是如何应用这些规律，这就涉及具体的操作思路和策略，这本书中也有很深入的探讨。

结合我对帝娜丛书（不局限于这本）的学习，我总结了以下六种认为可行的针对

日内波动的操作策略：①布林带区间突破交易法（抓住市场从收敛到发散的节点，因为不论是日间还是日内，市场都存在收敛和发散这两种最根本的状态）。②数据行情交易法（本质上也是抓住市场从收敛到发散的节点）。③汉斯交易法和英镑择时交易法（这两种主要是利用日内波动的操纵性，在特定的时段以介入关键位置突破来跟随主力）。④轴心点（和整数）R/S＋震荡指标＋反转K线组合交易模式（通过震荡指标和K线，识别价格在关键位置上的反应并获得一个比较理想的盈亏比）。⑤边缘介入法（基于日线形成的R/S配合对大环境解读，效果应该类似和超过第四个策略，但机会也少于第四个策略，是同工异曲）。⑥关天豪的五分钟动量交易系统（动量交易，顾名思义，配合交易时段在动量十分明显的时候介入，保证了入场的胜率，并以迅速减仓和跟踪止损的方式保证了盈亏比的合理性）。总结了这六个用来对付日内波动的交易策略之后，其实还有一个问题在困扰我：是将这些策略组成一个混合策略交易系统一起应用于日内交易呢（比如策略一没有信号的时候就找策略二，以此类推）？还是着重采用一至两种就够了？前一种做法存在不方便交易信号有效性统计的问题，同时也怕具体运用的时候或出现混乱；后一种做法可能的问题就是交易机会不足。后来经过权衡考虑，我决定只留下两种策略组合起来运用于日内交易，分别就是布林带区间突破交易法和数据行情交易法，并把"势、位、态"策略运用到非日内交易中，这样也就解决了可能交易机会不足的问题。关于策略一我参考了帝娜所有关于这种交易策略的内容，关于策略二我参考了《外汇交易进阶》和凯西莲恩的数据行情交易法。具体以后有机会再发帖详谈。这两种策略主要做的就是收敛到发散的节点，即波动率扩大的瞬间，设定合理的止损位和目标位，速战速决，避免在M5图上去追波逐浪，被市场催眠，陷入不利境地中。

以上就是我读了这本书之后的收获，也是这本书对我的帮助，相信和我有着同样问题的日内交易者也可以从这本书中获得帮助。

（本则心髓源自资深交易者"ithink"）

心髓第二则

我也说说自己的想法：

第一点："我很早就意识到日内波动有限不宜加仓操作，但这样的认识并不彻底，

而且我在日内运用了经典的'让利润奔腾'理念。虽然我没有加仓操作，但的确试图通过趋势和位置的分析，想尽可能抓住并吃尽日内的波动，结果不是被平衡保护出来，就是被从原来小有盈利变为止损出场。很狼狈，但我又确实不知道问题出在哪里。"

这个问题我觉得是出在趋势日非常强劲的时候，要留一半的仓位来让"利润奔腾"。我也经历过这个阶段，然后我再看《5分钟动量交易系统》的交易记录，发现交易记录总共赚了27000多美元（50%），而在总共50笔交易中亏损28笔，盈利22笔。赚得的27000美元全部是由22笔盈利的交易中的3笔交易赚得的。所以你必须得"让利润奔腾"才能盈利。

具体的方法是，按照5分钟动量交易系统进场，然后一半（1/2P）在5分钟前期的阻力或支撑位平仓（前位出场）一半（1/2P）仓位就跟进止损。留单过夜，让利润奔腾。

当然这是需要在日图上确定趋势的配合。然后第二天再加仓，就如小何在《外汇狙击手》上说的，加仓1P，再和前面的交易一样。

第二点："布林带区间突破交易法"：这是很常用也很好用的交易策略，在帝娜的书里面提到过四五次，特别是日内域的交易策略很好。

"对照数据发布时间表来进行的数据行情交易法"：在《外汇狙击手》的王牌里第七章王牌"投机—趋势"模式，第十三章"噪音"模式还有第五章王牌"中立"模式有很好的具体方法。

"汉斯交易法和英镑择时交易法"：这两种主要是利用日内波动的操纵性，在特定的时段以介入关键位置突破来跟随主力"修正"模式。

"轴心点（和整数）R/S＋震荡指标＋反转K线组合交易模式"通过震荡指标和K线，识别价格在关键位置上的反应并获得一个比较理想的盈亏比。这个需要结合N字结构，特别是持续的N字结构才能更好地运用。

"边缘介入法"基于日线形成的R/S配合对大环境解读，效果应该类似和超过第四个策略，但机会也少于第四个策略，是同工异曲。这个主要是从日图上或者说4H图上去考虑。还要一定的基本面和心理面交易经验才能交易。"日线渐短过度"其实有点边缘介入法的意思。

第三点："其实还有一个问题在困扰我：是将这些策略组成一个混合策略交易系统一起应用于日内交易呢（比如策略一没有信号的时候就找策略二，以此类推）？还是着重采用一至两种就够了？前一种做法存在不方便交易信号有效性统计的问题，同时也怕具体运用的时候或出现混乱；后一种做法可能的问题就是交易机会不足。"

　　这个我建议去看《外汇狙击手》里"王牌中的王牌"第二节：外汇短线交易的两次飞跃。这里面提到第一次飞跃是：截断亏损，我觉得这更多的是相对短线交易来说的。第二次飞跃是：让利润奔腾，这就需要长一点的时间才能让利润奔腾（中长线）。时间和价格，是江恩所推崇的方面，时间可以转化成价格，价格同样可以转换成时间。

　　第二次飞跃关系到短期的仓位管理和长期的仓位管理的区别和相同点。我想一切答案都在凯利公式里面。最近我也在想这个问题。我还没有更好的想法，只能够说到这里。

　　（本则心髓源自资深交易者"杰克逊"）

道氏理论原著精华

股票平均价格指数的运动划分为三个层次，在某一段时间内或许同时包含了这三种层次的运动。第一层次是最为重要的运动层次——主要趋势运动——股市呈现牛市或者熊市，也就是整体上涨趋势或者下跌趋势，持续数年时间。第二层次是最误导交易者判断的运动层次——次级折返运动——在上涨趋势中，次级折返是回调，在下跌趋势中，次级折返是反弹，这一层次的运动一般持续3周到数月不等。第三层次是最不重要的运动层次——平均指数的日内波动。

每一个驾驶员都应该不会忘记第一次学习开车的经历，那时候手忙脚乱。教练会坐在学员的身边，要求学员把路况观察与刹车或者油门的操作结合起来流畅地完成。随着不断熟悉和养成习惯，对刹车和油门的使用已经变成了条件反射。研习者在刚接触道氏理论三层次运动模型的时候也会有同样的表现，运用起来手忙脚乱。但是，只有坚持下去，迟早一天对三层次运动的识别和运用能力将变成本能反应。次级折返就好比是刹车起到的作用，对趋势运动的速度进行调节，抑制超速行为发生。股市的日内波动就好比是油门，在某些交易日，日内波动与基本趋势或者次级折返同向，而在其他交易日，则可能反向。

三种运动层次我会在后续的章节逐一解释，毕竟对每种运动层次的透彻掌握对于有效利用道氏理论非常关键，所以

最初的道氏理论，也就是狭义的道氏理论是围绕指数趋势展开的，但是这些原理可以推而广之，所有品种和标的，只要有足够大的流通筹码，都可以利用道氏理论的基本原理来理清趋势。

顺势而为：外汇交易中的道氏理论

我这里先引用一段汉米尔顿的相关原文：

"就道氏理论而言，我们需要铭记三种运动层次，第一层次是股市整体上涨或者下跌的走势，持续 1~3 年；第二层次是次级折返，是对第一层次运动的修正，例如上涨趋势中的回调或者是下跌趋势中的反弹，持续数日到数周，长度不等；第三层次是日内波动。这三种运动层次同时存在于股指的运动中，这就好比大浪中夹带着回撤波浪奔向岸边。换言之，次级折返是对主要运动的修正和暂停。就算我们能够对走势有所影响，客观规律仍旧主导着走势本身。"（《股市晴雨表》）

在另一篇文章中，汉米尔顿再度对三种运动层次做了阐释：

"股市运动中蕴含着整体的趋势运动，具体而言就是上涨趋势或者下跌趋势，持续数年之久，很少短于 1 年；往下是短期的市场波动，持续 1~3 月不等。这两种运动交替出现，它们同时被日内波动复杂化，而后者则是股市航行者在危险水域需要考虑的第三层次运动。"（1909 年 2 月 26 日）

1904 年，对三种运动层次的描述是这样的："股市中存在三种层次的运动，它们同时发生，第一种是日内波动，主要是大资金交易者造成的，这是第三层次的市场运动；第二种则是次级折返，持续 20~60 天不等，体现了市场投机心理的变化；第三种则是最重要的运动层次，往往持续数年不等，**源于股票内在价值的趋势性变化**，这是第一层次的市场运动，被称为主要趋势运动。"（1904 年 9 月 17 日）

1914 年有一些相关的扼要解释："查尔斯·H.道的理论多年来已经为市场观察所验证，现在可以对这一理论再度解释一番——市场同时存在三种层次的运动。第一层次是重要的趋势运动，持续至少 1 年以上；第二层次是牛市中的回调或是熊市中的反弹；第三层次则是股市的日内波动。"（1914 年 4 月 16 日）

（本文摘录改编自《道氏理论：顶尖交易员深入解读》）

艾略特波浪理论当中也有驱动浪和修正浪之分，这与道氏理论不谋而合。

主要运动取决于股票的内在价值，这属于驱动层面；次级折返取决于市场情绪和心理，这属于心理层面；日内波动取决于资金博弈，这也属于心理层面。

次级折返的属性和运用

如果牌局持续的时间足够长，那么运气的因素就会被淡化，最后的赢家一定是顶尖的高手。

——W.P.汉密尔顿

在最近的探讨中，我们一直在论证股市晴雨表的有效性。想要证明股市晴雨表的有效性，则必须利用历史数据对次级折返做深入而全面的讨论。此前的讨论告诉我们，上涨的主要运动在开始阶段就能被预判出来。但是，道氏理论定义的次级折返则是另外一回事。

我们经由富有逻辑的理性分析证实了道氏理论关于市场运动层次的观点，也就是说**股市中同时存在三个层次的运动——主要运动、次级折返以及日内波动。**

本章的论述主要面向那些投机者或者投资者，而不是想要将股市作为商业指南和经济风向标的人。

利弗摩尔在《股票大作手操盘术》（*How to trade in stocks*）一书的结尾部分给出了一个趋势判断的方法，与道氏理论非常相似，可以对照研究一下。

判断转折点的方法

如果说预判牛市或者熊市的转折点是一件非常困难的事情，那么要想判断出回调和反弹什么时候结束和开始则是更

富有挑战的一件事情。不过，倘若你能够基于道氏理论来应对这项挑战，那么也并非什么不可完成的任务。

我们无法总结和归纳出次级折返在幅度和持续时长上的规律。前面的章节回顾了1906年的次级折返，可以看到由于旧金山大地震使得这波次级折返出现了延长迹象，以至于误导了分析者和交易者，让他们认为新一波熊市展开了。

在某些情况下，次级折返的幅度非常大，以至于人们认为趋势已经发生了变化。又如1901年北太平洋铁路逼空大战导致股市恐慌暴跌，以至于很多资深的交易者都认为牛市结束了。

查尔斯·道估计次级折返的持续时间为40~60天，不过之后的经验表明，60天的极限数值很难被突破，通常持续期都在40天以下。如果我们只考虑日内波动的幅度，其实也非常重要，因为如果幅度足够大，则也能够发展成为次级折返。例如，1917年12月，传言说政府将买下所有的铁路股，当天铁路股指数上涨了6个点。一般的次级折返也不太可能达到这样的幅度。

存在一条经验法则可以帮助我们判断次级折返，那就是股市转势的时候非常迅速，但是股市在次级折返后恢复主要运动的速度却通常很慢。我们可以通过横向震荡区间的突破来判断主要运动的恢复。

金融交易的明星多寿星少

谁能够准确及时地预测到次级折返的开始与结束呢？这需要考虑非常多的因素，而这些因素与驱动股价围绕价值波动的因素截然不同。**驱动价格围绕价值波动是主要运动的目的和功能，而非次级折返的目的和功能。次级折返更多地体现了技术面的东西**，而不是所有基本面因素的综合。

主要运动看趋势指标，次级折返看震荡指标。

从专业人士的角度来讲，**次级折返往往发生在超买或者超卖期间**，大众在牛市中大量买入，则回调可能发生；大众在熊市中大量卖出或者做空，则反弹可能发生。

次级折返让金融交易充满陷阱。我曾经屡屡劝说他人不要从事金融投机，这种劝说非常容易，但是起不了什么作用。不过，如果我苦口婆心的一番话，能够让一个聪明而渴望成功的美国人放弃投机活动，那就是非常有价值的一桩事了。毕竟，华尔街的明星如流星一般划过，像恒星一般屹立不倒的寿星寥寥无几。

在股市进入次级折返阶段后，专业人士比业余人士具有更大的优势，他们拥有专业的经验和技能。解读盘口（Tape Reading），就某种程度而言，属于所谓直觉的范畴。只有一个场内交易者具备相应的职业素养，就能比所谓的盘口解读者更好地觉察到市场的变化。

在某些游戏中，业余玩家表现得更加出色，在另外一些游戏中，专业玩家更加凸显。还有一些游戏中，两者都表现不错。但从长远来看，专业玩家的优势更加明显。当赌注更大的时候，专业玩家的赢面更大，在不可避免要输钱的时候，专业玩家可以输得很少。

专家优势

有些桥牌权威认为，成功的80%依靠拿到一手好牌。如果一个人手气不错，而且搭档也不错，即便是牌技一般也能在一段时间内持续获胜。不过，运气之外的20%才是专业玩家与普通玩家之间的分水岭。

如果牌局持续的时间足够长，那么运气的因素就会被淡化，最后的赢家一定是顶尖的高手。他之所以成为最终的赢家，并非因为他具有什么不公平的优势。如果取胜仅仅靠与同伴作弊的话，那么就是一个骗子，而非顶尖的高手。骗子的心态和思维总是存在异常的地方，否则也不会成为骗子了。

不过，人们也经常高估骗子的优势。我在华尔街也碰到过几个类似的骗子。他们行骗的伎俩有不入流的，也有专业的。不过，你很快就能发现他们其实是骗子。当仅有的一点优势都被消费殆尽之后，他们就会发现自己其实挺无能的。可怜之人必有可恨之处，没有任何人天生是恶人，也没有人突然间就变成了恶人，一切都不可能离开环境而变化。

熬出来的市场专家

大多数股市投机赢家都是从零开始的，他们依靠自己的汗水浇灌了成功的绚烂之花。例如，哈尔·O.温德（Hal.O.Wynd）。这些人最初并非证交所的会员，也并非任何经纪公司的合伙人，因此他们不能通过场内交易赚取买卖价差，也不能通过收取佣金和手续费发财致富。尽管这些人进入股市的目的不同，但他们都先后成了市场专家。

他们全身心地投入到股票投机中，这份专注和热忱就像任何领域的成功者一样。相反，那些大多数人只不过对股市有一点很快就会消退的热情而已。无论这些人多么聪明，无论他们学识如何渊博，在次级折返中就会迷失方向，这个时候专家成了赢家，他们则成了输家。

为什么会这样呢？因为这些人无法及时识别市况的变化，并且调整自己的观点和头寸。如果这些人曾经赚过钱，那就更加糟糕了，因为他们更难认错。

次级折返难以识别，征兆更好，但是市场专家们能够见微知著。

华尔街通常都是看涨的

当牛市出现回调或者是下跌时，部分明智的业余交易者和专家的决策和行为基本一致。华尔街沉淀下来许多经验法则，其中一条就是"绝不要在行情低迷的时候卖出"。如果市场处于熊市中，这个经验法则就是一个害人的建议，因为在大幅反弹之后，市场将跌得更深，行情将更加低迷。这个时候，资深的交易者会加码做空。

华尔街的一贯风格是看涨，这是一种特有的乐观精神，因为华尔街并不是在熊市中赚钱的，只有牛市才能赚到足够多的佣金和手续费，因为交投活跃，参与者众多。

有一些无知的人认为股市下跌的时候，华尔街收获最大，因为华尔街总是在大众的损失中获利。其实，情况恰好相反，华尔街主要是依靠佣金和手续费存活下去的，而不是靠做空自己承销的股票发财的。

成交量越大，则佣金收入才越高。牛市中的成交量显著大于熊市。所以，华尔街喜欢牛市，鼓吹牛市，总是持有乐观的论调。但行情不由人，真正接触的交易者必然会在应该做空的时候做空，或者离场，而不是一味做多。

此前研究股市的主要运动时，我们已经知道了牛市通常比熊市持续更长的时间。从较长的时间来看，随着国家财富的增长，最终市场趋势一定是向上的。至少到目前为止，规律是这样的。我个人的观点是，战争也无法抑制这种规律发挥作用，至少富有经济活力的美国是这样的情况。不过，其中也有例外，受到政府管制的铁路股价指数在某种程度上违背了这一规律。我将在后续的文章里面谈到这一点。

詹姆斯·R.基恩 （James R. Keen）

在大空头中，我敢肯定詹姆斯·R.基恩在做空上赚的钱与赔的钱一样多。他的储蓄和马场的支出都来自证券交易所得。他买入了一些证券，从中获利不少。我与他的交往不多，我现在可以这样说，那就是任何有职业道德的新闻记者都会与大投机者们过从甚密。因为无论这段私人关系多么干净，大众还是会误读，以至于认为这位记者是庄家的喉舌，而这种情况是任何声誉卓著的报社无法容忍的。

当然，我并不是说那些与基恩有过交往的记者都是不干净的。事实上，基恩极少让人上门拜访，他办公的地方位于百老汇大街（Broadway Street），是其女婿塔尔伯特·J.泰勒（Talbot J.Taylor）为他准备的。存在充足的理由让你敬佩基恩，他绝非一些媒体上描述的冷血金融家。他具有不少优良的品质，例如诚实守信，厌恶那些毫无信用的人。他对子女疼爱有加，对自己饲养的马匹也照顾得很好。

基恩在股市中树敌众多，这些人给他造成的打击远远小于他的爱马塞萨比（Sysonby）离世给他带来的打击。这匹马是由基恩亲自养大的，是一匹惹人疼爱的骏马。埃德温·李费佛（Edwin Lefevre）是少数熟悉基恩的记者，他当时在纽约的《环球》杂志工作。但是，李费佛与其说是基恩的挚友，不如说是欣赏基恩的人。在他撰写的《华尔街故事》（*Wall Street Stories*）这本令人印象颇深的书当中，他利用了基恩作为原型，你可以从诸如 《华尔街的山姆岩》（*Samson Rock of Wall Street*） 和 《金色洪流》（*The Golden Flood*） 等书中看到基恩的影子。这本小说集讲述的东西有点过时，不过对于想要了解20年前华尔街的人来说，这本书还是值得一看的。现在的华尔街变化太大了。

艾迪森·卡马克（Addison Cammack）

大众常常埋怨大空头们做空了太多的股份，其实他们并没有卖出或者做空多少股份，甚至于他们根本没有想过要卖出或者做空如此数量的股份。大众之所以将股市下跌的责任推到做空者身上，其实另有隐情。当证券所的场内经纪人和交易者忙着买卖股票的时候，这些大佬常常身居幕后，他们下单的指令确实牵涉较大的数额，以至于市场上经常有关于他们或真或假的传言，这使得大众总是将股价上涨或者下跌的原因归咎于他们。

卡马克就是其中一位经常被大众提及的大佬。他身处的时代离我们已经很久远了，一些熟悉他的人认为，他做空速度极快，时而成功、时而失败。**他擅长判断资产的真实价值，热衷于追踪美国的金融和经济形势，但并不善于从微观入手去验证。**不过，有人说如果他不坚持这份个人特色的话，很可能就不会有如此耀眼的战绩，只会过上黯淡的人生。

在北太平洋铁路公司重组以后，他以每股 7 美元的价格大举买入。或许那些随时抨击华尔街、自诩爱国的批评家们更相信美国的伟大。基恩或许就人格而言不算成熟稳重，但他的判断确实无与伦比，如果他能够更加成熟一些，那么他的南太平洋铁路股票运作计划就不会破产。

做空商品

空头很难交到朋友，也没有什么朋友，因为当大多数人亏钱的时候，他才能赚钱。所以，大众厌恶做空者，对空头持有不合逻辑的偏见。一些人甚至认为做空者在股市上做空股票是为了他们在小麦或者棉花上的空头头寸能够获利。其实，股市上的多头头寸与小麦等商品市场上的空头头寸之间并无太大关系。

如果小麦的价格下跌，则经济收入不高的工人们可以买到更加便宜的面粉或者面包，而我们的国家将变得更加伟大。再者，小麦或者棉花的价格走势与股市的走势不可能是一致的，当股票价格上涨时，这些商品的价格往往是下跌的。尽管这样的观点并不能得到广泛的认可。

我个人的观点是做空小麦或者棉花等商品的人，即便是为了渔利，他的行为也客观上压低了商品的价格，这确实是在为广大普通民众和消费者谋取福利。

当然，这样的观点或许不会受到农场主和农民的欢迎，更不会受到他们政治盟友的欢迎。这些代表农场主的政客们认为小麦要涨到每蒲式耳 5 美元才代表经济繁荣，才能满足他们对金钱的贪婪。却不知，这样的高价只能恶化贫困和饥荒。

1919 年农场主们实行了所谓的小麦联合供销机制，其实就是垄断了生活必需品的销售。他们想要将小麦的价格维持在每蒲式耳 3 美元的价格之上，这些举动得到了一些政客和参议院的相关利益集团的支持。不过，这一措施还是未能实行。

从此以后，农场主和政客们就变得更加激进和敏感了。垄断农产品销售的做法注定会失败，但我这样说并非针对农场主。毕竟，1920 年的股市就此发出过警告。实际上，农场主们有足够的时间认识到每蒲式耳 2 美元是比较合理的小麦价格。

> 汉密尔顿是华尔街人士，屁股决定脑袋。

> 为什么 3 美元是不合理的，2 美元就是合理的？汉密尔顿如何确定这是合理的价格？我感觉这是情绪的宣泄而已。

指数走势如何修正自己

谈论这么多东西，其实并未远离主题。如果只考虑金融市场的关系，那么棉花或者谷物期货市场的熊市不太可能与股市中的回调有显著关系。事实上，与主要运动相比，次级折返更多受到短期因素的影响。

谈到这里，可以提出一个恰如其分的问题："基于股票平均价格指数，能够可靠地预测次级折返吗？"我们基于平均指数预测主要运动。**在牛市中，如果两大指数都跌破了最近的**

> N 字顶部和 N 字底部。参考《指数 N/2B 法则：趋势开始的确认信号》（附录 4）。

低点，意味着股市的需求已经完全饱和了；在熊市中，如果两大指数上升突破了最近的高点，意味着股市的供给已经完全衰竭了。无论是最近的低点还是最近的高点，都是在次级折返之后形成的，而非之前。

最近的低点对于此前已经做空，并且对想要加码做空的人而言最有价值。因为如果股市继续跌破最近低点，则是加码做空的时机。如果最近的高点被突破，则熊市很可能终结或者是牛市很可能延续，特别得到另外一个指数的印证。但我们这里的讨论主要针对的是那些研究股市晴雨表，将其作为交易指南的交易者，而非寻求商业和宏观形势风向标的人。

或许有人会问次级折返在股市波动中究竟发挥什么作用？可以用一个比喻来回答，次级折返就像用来矫正指南针的工具，又像离港前校正方向的轮船。或许这些比喻不够贴切，但次级折返的价值就在于对指数走势进行修正。换言之，我们的晴雨表在某种程度上可以自我校正。

需要注意的一点是，我们现在研究的股市晴雨表不像温度计当中的水银那么稳定和可靠。股市晴雨表，也就是指数，包含了一切可以预期到的信息，以及最难捉摸的人心。既然如此，我们就不能希望晴雨表能够像物理仪器那样精确。

为什么事物不能直线发展，为什么波浪前进和螺旋上升是宇宙的普遍规律？为什么经济存在周期，为什么熨平周期是反进化论的？

虽好但还算真实

我们或许会反过来怀疑股市晴雨表是否过于精确了，是否是过度优化的结果。这就好像是所有证人的证言都是一模一样的，法官当然会怀疑。

证据实在太过抢眼了，以至于大家都不敢相信观点和理论是真实的。我反复扪心自问，能否肯定地预判出市场每一轮主要运动的顶部和底部。例如，当处于一轮熊市中时，我

附录三　次级折返的属性和运用

能否断定它的底部在 1921 年的低点附近，或者是在接下来的 8 月份工业股指数会独创新低。

此前，我曾经反复强调两大指数应该相互印证，如果你非要拆开来看，那么就是个人偏好了，这是你的个人自由。或许在某些时候，同时看两大指数与只看其中一个指数的差别不大。例如，我曾经看过一些牛市和熊市的历史图表，仅仅从美国钢铁这样的工业个股走势上就能预判整个股市的走向。但是，我不认为这样图表会比相互验证的两大指数图表更经得住时间的考验。

有一些道氏理论的批评者十分不友善，除了抨击和苛责对我们的进步毫无帮助。他们习惯于吹毛求疵，其实他们只是喜欢与人争输赢而已，他们内心深处不愿接受这套理论。他们会挑选出一大堆道氏理论未能预测到的走势，特别是一些次级折返走势。但这丝毫不能说明任何问题。任何工具都有自身的精度极限，在人类目前的发展水平上，要想对股市做出十分精确的预测是徒劳的。或许这些苛求者可以承担起造物主的责任，让这个世界变得更加完美一些。

（本文摘录改编自《股市晴雨表：顶级交易员深入解读》）

251